文學新象 271

城市裡
還有慾望嗎？

坎蒂絲・布希奈兒——著
羅慕謙——譯

高寶書版集團

目錄
CONTENTS

獻給JHC，最棒的「我的新男友」

第一章
紐約無性事？

過了一定的年紀之後，最棒的一件事就是，大多數人都會變得更和善、更寬容一點。因為你已經歷過真正的歷練，也學到了幾個教訓。像是生活可以金玉其外，卻敗絮其中。還有無論你怎麼努力做到完美，還是會有倒楣的時候。但是最重要的，就是你一直以為完好神聖的事物，可以一夕之間變得脆弱不堪。

比如說婚姻，還有愛情。甚至是紐約市自己。

我的狗在華盛頓廣場公園附近的小巷子外暴斃時，我與紐約市之間的戀情就開始解體了。一隻可卡犬殺了牠。不算真的殺了牠，其實應該說是「意外」。但是實在太巧合了：因為我的狗暴斃前一天的下午，我就在銀行裡遇到那隻惡煞可卡犬了。

當時那隻狗站在我腳前，開始低吼。狗主人——一名二十出頭的男子，臉蛋像個小圓麵包——尷尬地彎下腰，把狗抱起來。那狗立刻咬了他的手指。

我搖搖頭。有些人就是不適合養狗，而這小夥子顯然就是這種人。

隔天早上，我七點半就起床了，心裡很自豪自己這麼早就展開這一天。我住的大樓有門房，所以我通常不帶鑰匙也不帶手機就出門遛狗，畢竟兩分鐘我就回來了。

那天早上，走過轉角時，我瞥見街尾有團動靜。果真沒錯，又是那個小夥子跟那隻可卡犬。

我過馬路，自鳴得意躲過了一場危險。

我的狗在小巷子裡不慌不忙。這時候，那小夥子跟可卡犬已經走到街頭，也過馬路了。一到了馬路的這一邊，那隻可卡犬就向我們衝來。

我像是用特寫鏡頭目睹了整個過程：老舊脫毛的黑色皮頸圈，連接狗鍊與頸圈的金屬鈎扣已磨損。瞬間，金屬鈎扣斷開，皮頸圈揮灑下一團僵硬的碎片，掙脫束縛的可卡犬立刻衝向我們。

那小夥子立刻跳起來，跌跌撞撞地追上來，在可卡犬碰到我的狗之前，勉強把牠撲倒抓在懷裡。

我當時以為我的狗安全了，這只不過是人行道上又一場狗與狗之間的衝突。這城市充滿了一恐慌就咬人的狗，因此這種狀況屢見不鮮。

但是我突然注意到手上的狗鍊鬆掉了。我轉身去找狗，花了一秒鐘才發現牠已側身躺在人行道上。

而且牠在發抖。我彎下腰，這時牠的雙眼翻白，舌頭——牠又粗又大的狗舌頭——從張著的嘴巴垂出來。

我的狗圖克——這名字是電影《黃昏三鏢客》裡的一個人物，我老公的最愛——死了。

我的直覺是開始抓狂，但是我立刻領悟到引起路上行人的側目並沒什麼幫助。一群人已經開始圍住我們想幫忙，但是沒人知道到底該怎麼辦。

因為你知道嗎，我的狗很龐大，牠是隻伊比莎獵犬，高七十公分，體重達三十五公斤。體積跟體型就相當於一隻小鹿。

我不確定自己能否抬起牠。而且這還不是唯一的問題，我根本毫無頭緒該怎麼辦，我身上沒錢包、沒手機，而我老公又出差了。

後來有人打電話給最近的獸醫診所，而且雖然診所沒開門，他們仍好心特別派人去診所等我。診所有幾條街遠，有人為我們叫了一輛計程車，還有人幫我把圖克抱起來。這時惡煞可卡犬的小夥子主人說：「真抱歉。希望不是我的狗殺了妳的狗。」

他掏出皮夾翻找，抽出一張皺巴巴的二十美元紙鈔，又髒又舊的。「坐計程車的錢。」他邊說邊把紙鈔塞進我手中。

我鑽進計程車，有人把仍舊溫熱的圖克放到我身邊的座位上。

「請趕快！」我對計程車司機說。

脫離三、四十歲後，你會學到的教訓之一就是人生不是電影。在電影裡，計程車司機會說：「噢，我的天啊！可憐的妳！可憐的狗！」然後疾駛到獸醫診所，而且不知如何，醫術超群的紐約獸醫還會救活我的狗，使牠現在還活著。但是在現實生活裡，計程車司機完全不是如此，他根本不想讓你的死狗躺在他的後座上。

「我不載狗。」

「這是緊急狀況！」

「為什麼？妳的狗生病了嗎？」

「對，對，牠快死了。請幫個忙吧！牠可能已經死了。」

說錯話了。

「牠死了？我的車不載死狗。狗死了妳應該叫救護車啊。」

「我沒帶手機！」我大叫。

司機想把我趕下車，但是我不下車，而且他不想碰我的狗，於是最後他放棄了。他其實只需要沿第六大道開過三個紅綠燈，但是路上嚴重堵車，整條路上他都在不停地辱罵我。

我不理他，在心裡提醒自己不論我此時的境遇有多慘，世上某處有某個女人的境遇一定比我還慘。再說，愛狗突如其來地暴斃也不是我最近遇過最慘痛的事。

去年，我媽媽去世了。她的死也一樣突如其來。她五十幾歲的時候，服用了賀爾蒙補充療法的藥物。當時那是開給更年期女性的例行藥物，但是問題就是，賀爾蒙也可能引起乳癌，而且常常是致死的乳癌。於是，儘管我們家族裡沒有乳癌的病史，而且我父母雙方家中所有的女性都健康地活到九十多歲，我媽仍在七十二歲時去世了。

那時我試圖假裝一切都很好，儘管事實並非如此。我開始掉頭髮，開始沒胃口。

我花了好長一段時間才終於釋懷。我的朋友一直陪在我身邊，我老公也是。

到了獸醫診所後，他們好心借我用電話連絡親友。幸好我還記得幾個電話號碼，像是我老公的。我打了三次，都沒人接。時間還不到九點，而且半小時之後他才會開始上班。這就怪了，他人在哪？

還有我朋友瑪莉蓮。十分鐘後她就抵達診所，從雀兒喜區的公寓一路快步走來。

瑪莉蓮還沒喝咖啡，也還沒沖過澡，而且就跟我一樣一身運動服。我們面面相覷，兩人的臉都沒洗，牙沒刷，頭髮也沒梳。

現在怎麼辦？

我的狗死於動脈瘤。獸醫是如此認為，但是她無法百分之百確定，除非把狗送去做屍體解剖。我想讓圖克被解剖嗎？不，妳不會想，瑪莉蓮說。

我老公一向很痛恨我的狗。我納悶圖克的死是不是不祥的預兆。

果真是。當時我還不知道，但是我的婚姻就猶如一顆動脈瘤——一個等待應驗的死亡。

三個月後，十一月份，我老公要求離婚。他特別挑了異常瘋狂的暴風雪隔天。當時我們待在我位於康乃狄克州的鄉間小屋，那裡沒水也沒電。我無法想像跟他一起回紐約，於是我決定一個人待在小屋，剷雪，在火上把雪融掉，用來沖馬桶。

接著離婚的拉鋸戰展開了。期間有不少離婚慣見的醜惡時刻，但是跟別人的離婚過程比起來，算是小巫見大巫了。

除了一個小問題。

也就是公寓的貸款。我們必須解除舊的貸款合約，然後以我的名字擬定一個新的合約。

我無法想像這會成問題，我的銀行顧問也是。尤其是因為我在戶頭裡有足夠的資金，絕對還得起貸款。

我的銀行顧問不斷跟我說，一切不會有問題。直到三個月後約好的日子終於到了，我走進銀行坐下來。

我有個不祥的預感。「怎麼了？」我問。

「很抱歉，」他說，「都怪演算法。」

「我得不到貸款了，是不是？」

「沒錯。」他悄聲說。突然間，我明白了，我已經不能在「正確的」格子裡打勾了。

因為我是一、女性；二、單身；三、自由業者；而且四、五十歲以上。

我沒有可選的格子，所以我不屬於任何一個人口族群。換句話說，在演算法的世界裡，我根本不存在。

我站在銀行外，震驚不已。

熟悉的街景全在眼前——尼克博克酒店的大玻璃窗，裡面可看到穿著運動服的老人閒坐在吧台邊慢慢喝飲料。我每天早上都會去的小吃店，旁邊的酒品專賣店裡那緊張兮兮的男人總不停地在談棒球。就跟我一樣，他來到紐約市已經三十幾年了。

我過馬路，抬頭仰望我的公寓大樓。我還記得剛到紐約時，經過這大樓好幾次。當時我來紐約讀大學，還有去夜店54俱樂部。才十九歲，文章已被幾份正欣欣向榮的地下報紙刊登過。

當時我好窮。但是無所謂，因為一切還大有可為，一切都新鮮刺激。我每次經過這棟大樓，看到裡面戴著白手套、一身灰制服的門房，總會停下來欣賞它的花園——真的花園，有鮮花、有長草——然後就會想，等到有一天我事業有成了，我就要住在**這裡**！

現在我真的住在這裡了。頂樓的角落公寓，而且好巧不巧，《慾望城市》裡飾演大人物的演員也住在這大樓裡。我的公寓裝潢曾出現在家居時尚雜誌封面，這是我畢生的成就中，我那善於裝潢擺設的媽媽最得意的一項。

而此刻，我覺得自己被整個社會系統擊敗了。我不只會失去我的家，還會成為今年上百萬名即將離婚的中年女性的一員。然後呢？以後得重出江湖，再次去尋找一個不存在的男人。而且就此刻看來，很可能還得另找棲身之所。

我開始輕聲哭泣。但是馬上就停止，因為我發現自己太累了，哭不出來。

我打電話給瑪莉蓮。

「親愛的。」我說。

「怎麼了？」她問。

「我只是想告訴妳，我完了。」

丟下這句話，我離開了曼哈頓。

＊＊＊

但是與上百萬名今年即將離婚的中年女性不同的是，我很幸運，已經賺足存夠了錢，以備不時之需——在人生過了一半之後，你常常會有不時之需。我直接把貸款還清，算是對銀行表示「去你的」，然後把公寓租出去，掛起我的高跟鞋，匆忙搬到我的鄉間小屋。而且因為鄉下地方大，我還買了兩隻標準貴賓犬，分別命名為派柏跟普魯斯，然後去做我從兒時起就一直想做的事：盡情自由寫作，還有騎盛裝舞步馬。

我爸總說我狂妄自大，一點都沒錯，因為一上馬我就被摔下來，摔斷一根骨頭——之後我走到哪都得扶著助行器，覺得自己跟個老人家一樣。我不是百分之百確定該不該再去騎馬，但是我爸鼓勵我，他說我小時候總是「摔倒了又站起來」。三個月後，我去參加馬術比賽，贏了好幾個獎章。

早晨醒來時，我沉醉在寂靜裡。

我很快樂。

我不怎麼想過去的日子，我不想紐約，而且我一點都不想念男人。

但是隱退到鄉間六個月後，蒂娜．布朗打電話給我。她有個寫作的點子。她認為我現在離婚已經過了一段時間，建議我再投入約會的世界，寫寫熟齡的人約會是什麼樣子。我也可以試試網路交友，甚至可以雇用媒人。

我一口回絕。

我辦不到。

我根本沒準備好再開始約會。但是最重要的是，我根本就不想約會。將近三十五年，我的生活裡一直有男人。我甚至還經歷了男女關係的整個週期——戀愛、結婚、然後離婚。

而現在，我應該重頭再來一次？難不成經歷戀愛週期是我唯一可做的事？我想起「瘋狂」這詞歷久不衰的定義：反覆不停做同樣的事情，然後祈求會有不同的結果。

該是結束這週期的時候了。於是三十四年來，我第一次決定生活裡不要有男人。這也意味著生活裡沒有性。在現階段，我也不是那種隨便跟人上床的人。

當然，我也不討論這話題。性這個話題——過去一度曾帶來如此多的娛樂、尷尬、恐懼與喜悅——根本很少出現。我的單身朋友一直單身，也不約會，所以根本沒性事；而我的已婚朋友忙著家務小孩，所以——我猜——也沒有性事。但是偶爾，如果我跟某個男人解釋說我無意約會，而且說實話可能永遠也不會有興趣再約會，對方會吃驚地倒吸一口氣：「那性生活呢？」臉上的表情像是我剛殺了一隻小貓。

「性生活怎麼了？」

「妳怎麼做？」

「什麼都不**做**。」

「但是妳不**需要**性嗎？」

「你需要嗎？因為我發現**需要**性的人為了得到性往往會做出錯誤的決定。我見過不少人就因為需要一點點性，結果把世界級的事業都毀了。」

再說，我還有好多更有趣的事可做。像是煮出一頓精緻的菜餚，學會用Instagram，用GarageBand編首流行歌曲。我最好的朋友叫做安吉，她就跟我住同一條街，剛治好癌症，現在在一間精神療養機構教青少年讀莎士比亞。我們會在鄉間小路上散步，經過建築師考爾德創作的雕塑和作家法蘭克．麥考特的屋子。那裡沒有手機網路，於是我們交談。談女性主義，談生命的意義，談我正在寫的高燒噩夢小說。我們常常會停下來參觀亞瑟．米勒的寫作小屋，這小屋是他自己親手建的，而且是小說《煉獄》的誕生之地。屋子很小，面積大概八乘十公尺，一塊平滑的木板固定在牆邊，當作書桌。我總會走到窗邊，凝望窗外的樹林與泥路，心想：這一定是亞瑟．米勒日復一日望見的景象了。他望著這景象時是什麼感覺？他也絕望地急於寫出好作品嗎？然後我會祈禱：拜託，拜託讓他的些許天分傳到我身上吧。

拜——託——。

但是沒效。

住在康乃狄克州期間，我寫了三本書——每一本我的出版社都痛恨，痛恨到拒絕出版。每一次我終於設法寫出一份我覺得他們會喜歡的完稿時，他們最後總會把稿子寄回來，每一頁都用黑線畫過去。

歡迎來到中年失常狀態，因為你的事業大概也完了。

我打電話給瑪莉蓮。救命。

「親愛的，」她說，「我覺得妳一個人住在鄉下快發瘋了，所以寫出來的東西也瘋瘋癲癲的。」

然後我的會計師打電話給我。

至少他有好消息。如果我把紐約的公寓賣掉，可以得到減稅的優惠。提早三年還清貸款算是精明的決定——因為房地產價上漲了，而且逮到減稅優惠，我就可以多賺一筆。

我還發現，如果我很聰明，買下最便宜的房地產，這賺來的一筆剛剛好足以在紐約市買下一間一房一廳的小公寓，加上在漢普頓一個過氣漁村外圍買下一幢老舊的小房子。自從瑪莉蓮兩年前搬到那個小村後，我就一直希望也能在村子裡有個住所。

她就跟我一樣，突然莫名奇妙地厭倦了紐約市。

開玩笑的。她其實就跟我一樣，遭遇了一連串的打擊，使她覺得紐約市也想擺脫她。

一點都不假。因為她在空中鐵道公園附近租了十二年的家族小型公寓大樓，當時要被拆毀，新建一座公寓大廈。瑪莉蓮不知所措。然後她失去了一名客戶，因為這客戶搬回洛杉磯了。雪上加霜的是，她的狗得開刀，花費高達三千美元。

當時正是嚴冬，瑪莉蓮總是不停地說天氣好冷，如果走到碼頭的末端，脫掉衣服，二十分鐘內就會凍死。她說她在網路上查過了。

這談話使我很緊張。瑪莉蓮吃百憂解已經吃了十五年，是我認識最快樂的人之一。她跟每個人都攀談，而且是少數那種你可以跟她坦承心中最大的恐懼、又不怕被她評斷的人。於是一個寒冷的四月早晨，瑪莉蓮在八點鐘去看了心理醫師。

心理醫師開了處方讓她回家，她在藥局買好藥，然後回到公寓，吞下一整瓶安眠藥。我知道，因為我九點十五分打電話給她，想問她看醫生的結果，當時她剛好吞下最後一顆藥沒多久。她已經不太清醒了，但還是接起了電話。

我打電話叫救護車。

謝天謝地，她後來復原了，而那時也是瑪莉蓮暫時揮別紐約、重新找到自己的時機。

於是瑪莉蓮往東遷，待在小村一個朋友的農舍裡，從農舍可以俯瞰海灣。起初，她只打算待個一、兩星期。結果一星期變成一個月，然後兩個月。沒多久，她就認識了一個房地產經紀人，這朋友有獨家內線消息，可為單身中年女性找到可能負擔得起的住宅，也就是設備古老、油漆剝落的房產，建築商根本懶得碰，因為沒賺頭。

三個月變成了一季，然後一年，又到了冬天。一天早上，賽希上完皮拉提斯課後，回家時在冰上滑了一跤，拉傷肌肉，此後她就開始抱怨紐約市已不如往昔，說如果我們又住得相近會有多好。這使瑪莉蓮靈光一閃，她決定幫我們找到便宜的房子，讓我們全都住在小村裡。

好幾年以前，賽希、瑪莉蓮跟我全住在同一條街上，我們老是進出彼此的公寓。也許因為我們當時比現在年輕十五歲，那段時光總顯得既興奮又快樂，尤其是成功接踵而來，我們很確定未來可以高枕無憂。當然，有些事情變了，但是我們依舊相知相惜，而且可能因為我們都沒生小孩，也沒有其他的家庭責任——賽希的父母已去世，瑪莉蓮的父母住在澳洲——我們一樣總是一起過節。

事情的發展往往不如預期，但是在買房子這點上，事情的發展果真如我們所計畫。在房地產經紀人的協助下，她跟賽希幾個月前已經找到小村裡的新房子搬進去了。現在，有了我的意外之財，我決定加入她們。

那年春天，我跟著搬進一幢古樸的鄉間小屋，離賽希大概一公里，離瑪莉蓮大約兩公里半。一開始只是我們三人，但是沒多久，賽希就碰巧遇到昆妮——我跟賽希還單身時就認識昆妮了——然後發現她也住在小村裡。

我倆在紐約市認識昆妮時，她可是個社交紅人時尚女性。但是一個週末，她去小村拜訪她媽媽；她媽媽是位知名的藝術家，但是更以嚴厲的家教而知名。急於離開老媽家的昆妮走進一間酒吧，認識了當地一位男士，然後戀愛了，懷孕了，試圖保持已婚狀態短短兩年後，離婚了。此後她就一直住在村裡，認識村裡每一個人。

而且，她過去十年來交往的男友住在另外一州，女兒也十七歲了，已經有自己的生活，於是昆妮很快就加入我們的晚間聚會。成為我們這些單身女友的一員對她來說還有些不習慣。她總是說「那群女生」，彷彿得加上引號，彷彿年過五十後跟其他單身女性閒混是一件得跟她自己的生活分開來的事——至少也要用標點符號分開來。

然後凱蒂也加入我們了。

凱蒂也是我們以前就認識的朋友，不過十五年前釣到了她的大人物後，她就消失在幸福的婚姻生活裡了。或者至少我們以為是如此。但是現在我們才發現，凱蒂就跟我們許多朋友一樣，一夕之間就在辦離婚了。

這個消息可令我們震驚了。凱蒂是我的朋友當中，唯一一個絕對相信真愛的人。二十、三十幾歲時，她拒絕了一個接一個的男人，因為沒有一個是成為心靈伴侶的料。然後有一天，她走進自家附近一間餐廳，剛好在一個年長的男人旁邊坐下來。他們開始交談。當天晚上她就跟他回家，隔天搬進他家，過了六個月後，她跟他結婚了。

凱蒂跟我有一段時間失去了聯絡，但是後來我們重新取得聯繫，那時她還已婚。我還記得自己有多吃驚她跟她老公有多相愛。她老公跟每個人都說，沒有凱蒂，他就活不下去，而且他分分秒秒都只想跟凱蒂在一起。

我也記得自己當時多希望也能夠擁有像凱蒂這樣的愛，但是心底知道這大概不是我的命。而且我絕對沒想到凱蒂的婚姻會結束——或者說如此突然地結束。一個星期六下午，凱蒂的老公去打高爾夫球後意外提早回到家。他喝醉酒了，跟他一起打高爾夫球的朋友也是。他跌跌撞撞走到凱蒂面前，說：「妳這賤女人。」然後把離婚協議書交給凱蒂。

或者說試圖把離婚協議書交給凱蒂。

「你腦筋還正常嗎？」凱蒂對他大吼。過去幾個月來，凱蒂不是第一次看到他醉成這副德性。就跟就這類故事裡大多數的人一樣，他顯然有酗酒的問題。但是提出離婚協議書，倒是意外的新發展。

儘管凱蒂把協議書撕毀了，協議書還是有效，就跟他們嚴謹制定的婚前協議書一樣。這表示凱蒂得搬出去，而且是馬上。

於是她在小村裡租了一棟房子，好跟朋友在一起。加上凱蒂，我們總共就五個人。

「妳在這裡都做些什麼？」某一天下午，凱蒂問我。

「寫作囉。」我說。

「那晚上呢？」

「我有我的時間表。我做運動、去海邊遛狗，然後很早吃晚餐。有時候四點就吃。」

「四點？」

「沒有，六點啦。」我說。

「一個人？」

「有時候跟賽希還有瑪莉蓮一起。還有昆妮。」

「六點鐘吃晚餐？」凱蒂嗤之以鼻。「這哪算生活啊？」

她說的沒錯，當然。

最後，曾是凱蒂的已婚朋友媞爾達．提亞，不可思議地從南法回來了。她剛結束一段與一位法國男子十二年之久的戀情，現在想試著在美國重新開始。

於是我們重拾多年前的舊習，那時老公、小孩、辛苦的事業與各種心碎的經歷都還沒出現：我們聚在一起，想找到解答。

就在凱蒂家的廚房裡。

而且就跟多年前我們還單身時一樣，談話的主題幾乎立刻就轉到性。

「樂趣在哪？興奮在哪？」凱蒂追問。

「男人在哪？」媞爾達．提亞問。

我望著她們渴望的小臉蛋，突然領悟到現在可能就是找出答案的好時機。

於是，離開四年後，我又返回熟悉的紐約市。開在橋上駛往曼哈頓時，我是個中年的單身女子，駕著一輛實用的休旅車，後座載著兩隻大型標準貴賓犬，這時我得問了：紐約還有性事嗎？

第二章
蒙娜麗莎回春手術

如果紐約有性事，我也享用不到。至少我的婦科醫師是這麼想。

回到紐約後，她是我第一個約的診。這個年度檢查總是很可怕，但是像我這樣的女性，早已訓練有素：一年至少把陰道露給一個人看。或者更多人。

例行檢查完後，她滑回椅子上，一臉同情地對我搖頭。

「我寄給妳蒙娜麗莎回春手術的資訊，妳有沒有收到？」她問。

「蒙娜麗莎？」我感覺到那熟悉不過的恐懼。我有什麼沒留意嗎？我有什麼做錯了嗎？我完了嗎？

我穿好衣服，回到她的辦公室，準備接受最巨大的打擊。

「妳聽好，親愛的。」她溫柔地說，「妳的陰道還沒作用。妳的陰道彈性不夠。」

我支吾其詞。

「妳上一次有性生活是什麼時候？」她問。

我又支吾其詞。

她翻個白眼。她是我過去四年來的婦科醫師，每次她談起性，我就得解釋說「我很快就會去處理這事了」，像是要去清理屋頂的天溝一樣。

但是這回她不信。

「所以我想跟妳談談蒙娜麗莎。」她說，口氣像電視廣告裡的人。「蒙娜麗莎是最新的雷射手術，可以恢復陰道的緊實跟彈性。」

她把一份紫色的簡章推給我。「考慮一下。妳會發現在性事上有很大的不同。」

我咳嗽一聲。「費用呢？」

「三次手術，三千美元。」

三千美元？不，謝了。

之後，我跟一個好萊塢製片人一起吃午餐。他隱約跟我提到一個以性為主題的電視節目，想討論該節目是否有可能播出，而我也欣然地隱約其詞回去，換來一個可以穿著得體、上餐廳吃午餐、使用昂貴布料餐巾的機會。

「妳聽過蒙娜麗莎回春手術嗎？」我問。

他臉都白了。

他對此並不陌生。他老婆——其實快變成前妻了——兩年前以五十二歲的年紀做了蒙娜麗莎手術。一開始，一切都很好，但是後來她跟他說，他無法再滿足她的需求，然後跟他請來教十幾歲女兒騎馬的馬術教練外遇了。她跟馬術教練馬上就要結婚，儘管馬術教練比她年輕二十幾歲。

我不由得同情他。他簡直快哭出來了。他似乎無法接受一個年輕男子居然會喜歡跟個熟齡女子在一起。但我指出，如果角色換過來——也就是一個熟齡男人跟一個妙齡女子跑了——他恐怕會覺得這樣的年齡差距與行為非常正常。

但是現在呢，多虧了蒙娜麗莎回春手術，看來兩性的角色換過來了。如果熟齡女子能夠擁有像熟齡男子一樣的男女關係——也就是跟比自己年輕二十歲以上的伴侶在一起——她們會願意投入這樣的關係嗎？會有更多女人為了更年輕、更性感的男人放棄她們所謂年齡相仿的伴侶嗎？

會的，至少我朋友艾絲是這麼想。尤其如果女人跟艾絲一樣，活在「百分之一的世界」。她解釋說，所謂「百分之一世界的女人」就是多年下來為了老公而把自己弄得年輕漂亮的女人。「做過了飲食控制、瑜珈，然後花上千美元打肉毒桿菌跟醫美後，再做個雷射手術又算什麼？」沒錯，就有不少老公送老婆蒙娜麗莎回春手術做為五十歲生日禮物。

但是就跟大多數的雷射手術一樣，蒙娜麗莎並不是對每個人都有效。如果真有效，等著看吧。艾絲就知道最近有三個女人做了手術後，把老公甩了。

「這就跟老男人第一次用威而鋼一樣。」她解釋，「突然他們又勃起了，然後想跟老婆做愛，但是老婆早已不想了，於是這些老男人就甩了老婆，去找年輕的小妞。現在啊，情況剛好反過來。」

算是吧。不過這個類比最大的問題是，跟男人不同的是，大多數的女人並**沒有**機會體驗這個全新的交往現況。一如既往，男人為回春所付出的價格跟女人為回春付出的價格大相逕庭。

買幾個「藍色小藥丸」會花你多少錢？不多，我打賭。而且就跟許多男性專有的事物一樣，保險恐怕還承保。總之，絕對遠遠花不到**三千美元**。

這使我領悟到，如果我想繼續探討這個問題，就得使用我現有的工具：我的單車。

新單車男孩

二十五年前我第一次寫到「單車男孩」時，他們還是個稀有的族群。有些童真、有些稚氣，往往帶著一點書呆子氣，而且所騎的單車有些惱人，尤其是他們試著把單車牽進你的公寓時，彷彿單車是他的寵物。他們騎著單車給人感覺有些愚蠢，也有些危險，而且意味著沒什麼錢。

今天，情況完全相反。單車男孩不只到處都是，而且還像個不斷蔓延的病毒，突變成十幾種不同的類型。

下面只是其中幾種：

• （不）愛家型科技產業億萬富翁

這種男人有一大群小孩，是跟好幾個不同的老婆生下的，而且在他眾多三千萬美元地產的其中之一上有個攀爬架。他喜歡跟其他的科技產業億萬富翁朋友炫耀自己的體能，所以其中一個做法就是從紐約市騎單車到蒙托克——而且一天之內來回。

好處：這種男人富有、健康，而且有生育能力。

壞處：他換老婆就跟一般人換單車車胎一樣。

• 鼠黨男人

這種男人屬於平行遊戲的類型，喜歡跟朋友成群結隊出去騎單車。通常不富有，但是至少有錢到足以買來一台兩千美元的單車。而且有錢到能夠一週內花好幾個小時在他的「嗜好」上，老婆卻得在家做牛做馬。

好處：這種男人在試著認真照顧自己，這表示他大概也會想照顧別人——至少沒騎單車的時候。

壞處：這是那種真的會惹毛老婆的男人。他老婆一開始其實並不生他的氣，但是現在她可火了，因為夫妻兩人漸漸都老了，小孩也都長大了，他卻只出門去騎他該死的單車！

- 真的單車男孩

這是貨真價實的年輕男人，而非裝年輕的老男人。真的單車男孩可能比你矮一點、瘦一點，但是他的體能更好，騎術也更佳。

好處：他會抬起單車前輪，只用後輪騎行。

壞處：你可能也想用後輪平衡，結果卻摔斷尾骨，送進醫院。

- 單身漢男孩

這種男人會在週末跟在交友軟體上認識上的人約會。單身漢男孩一輩子可能只騎過三次單車。但是另一方面，因為他已經看過《鑽石求千金》、《千金求鑽石》，而且恐怕連《單身漢天堂》也看過，因此他知道在今日的約會世界裡，好男人必須做些像是夏日在古雅的小鎮裡騎單車這樣的事。這樣出去騎單車應該要很好玩，但是從他臉上的表情看來，他顯然覺得不好玩。

好處：一部分的他是真的在尋找「真愛」。

壞處：如果你從單車上摔下來，他很快就會找別人。

所以，真的值得坐上單車，看看能不能認識新男人嗎？我決定去中央公園找答案。中央公園裡滿是騎單車的人。問題就是，這些人騎起車來全像在騎環法自行車賽一樣。根本不停下來，更別說要認識人了。而雖然此處有很多騎著公共自行車的人可探索，我沒有那膽量、反應或者傻勁在紐約市的車陣裡騎一輛兩輪的交通工具。

我決定把這個問題帶去小村——說得具體一點，帶去給媞爾達．提亞。

想像莎曼珊騎單車？

不像我，媞爾達．提亞樂於嘗試所有類型的約會經驗。她跟前夫在一起的十二年，是個「乖女生」，現在自由了，決定想當「壞女生」。

媞爾達．提亞突然變成莎曼珊了。她也是個瘋狂的單車騎士。

過去這一週，她在手機訊息裡一直說她如何在三小時內騎完二十五公里、三十公里，然後三十五公里，還提議我們應該立志在同樣或更短的時間內騎完四十公里。不知為什麼，我答應了。就算路上沒認識到人，至少我們還運動了。

我去接她的時候，她穿著一件輕便寬鬆的花洋裝，銀色的涼鞋，像是要去海灘派對一樣，而非騎上三十五公里的單車。她剛把頭髮造型完，死也不肯戴安全帽，只是在兩耳裡塞了個耳塞，彷彿耳塞可以保護她。

我呢，一身的穿著則完全以安全為考量。加厚墊的單車短褲，螢光綠的安全背心是賽希給我的，加上一頂大安全帽，設計成半顆西瓜的樣子。我的車是輛橘色的登山車，以前跟安吉在康乃狄克州的小泥徑上騎車時，這輛車可是引起了不少艷羨的眼光。

但是如果騎在別處，這單車正好是完全錯誤的選擇。這車厲害的是能夠騎上路邊、穿越草叢，但是重量太重，跑不快。至少不如媞爾達．提亞快。

一切都還算順利，直到我們抵達小村的邊緣，騎上自行車道。第一個障礙是座橋。我已經開車經過這座橋好幾次，但是從來沒發覺它有多陡，也沒發覺汽車跟單車之間的距離有多窄。

我騎上橋，到了一半就開始搖搖晃晃，於是決定下車。把車牽過橋頂時，我看到媞爾達．提亞不耐煩地等在橋下。「妳下車了？」她說，「我們還沒騎上真正的山丘呢！」

「我怕高。」我只說，然後回到單車上。一開始，我還發瘋似地猛踩踏板，想跟上她，但是後來發現是白費力氣，於是就慢下來，決定做點研究，觀察一下其他的單車騎士。

你大概會以為騎單車是年輕人的嗜好，其實不然。經過一個又一個的中年騎士後，我很快就發現這一點。

大部分的人跟我一樣，體能都還算可以。也就是說夠健康，有能力騎上幾公里，但是沒瘋狂到騎完之後一根薯條都不吃。還有不少夫妻族，我猜是兩人決定多做點運動，所以現在一起出來騎單車，而且看起來都很快樂。其實這算言過其實。有時候，其中一人會看起來一臉惱怒，像是無法相信自己居然被對方說服來騎單車，這最好對我們的婚姻有幫助！但是他們都很友善。經過他們的時候，我們會互相點個頭，或者仿照老派的坐船禮儀揮個手。

此外還有飆速族。也都是中年男士與中年女士，總穿著最新的裝備，騎著車胎超窄、車架符合空氣動力學的公路車。他們好像全是某種俱樂部的會員——我後來就會發現是一種「超級中年男女」俱樂部——而且只跟同樣也是飆速族的同類打招呼。對他們來說，其他的騎士全是被車輾死的動物。

最後還有好友族。也就是一群男女好友一起出來騎單車。我可以想像當初他們是怎麼做出此決定的：

「嘿，我們見面聚一聚吧！」

「好啊，不過我正在努力不要吃太多，也不要喝太多。」

「我也是。嗯，有了，我們一起去騎單車吧！」

「好啊！」

好友族到處都是。沒過多久，我就被一個好友族團團圍住。

好友族的問題就是每個人騎車的速度都不太一樣。但你往往無法超越快的，又無法落後慢的，最後的結果就是大家左右並排，速度相仿，讓你可以交談。

交談通常並不困難，也不煩人。你其實只要說說「今天的天氣很適合騎單車」這類的話，笑一下，點個頭，手指搖一搖，最後好友族裡總會有人帶頭加速，然後剩下的人就會像小鴨子一樣跟上去。

但是包圍我的這個四人好友族，卻沒發生這種事。其中唯一的女子與其中一位男子騎在前面，剩下兩名男子卻流連在後。有時候，對面來車太多，不好超車，就會發生這種狀況。

這兩名男子轉過頭來看我，於是我也轉過頭去看他們。其中一個實在平淡無奇。但是另外一個留著八字鬍。灰色的八字鬍，皮膚紅潤，幾乎沒什麼皺紋，是懂得吃、懂得享樂的那種人。

「妳的車真不賴。」他露出微笑說。

「謝謝。」我說，心中暗暗希望他們會往前騎。我們現在可是三人並排，這一點都不安全，我很討厭這樣。如果哪輛汽車撞到我們其中一人，我們就會像骨牌一樣全倒下去。

「這是什麼車？」他問。

不會吧？難道他不知道旁邊正有汽車以六十公里的時速疾駛過去時，這樣交談有多危險嗎？「登山車。」我咬牙切齒地說。

然後，謝天謝地，他點個頭，就跟朋友往前騎了。

下一個休息站是渡船碼頭。汽車跟單車可以搭渡輪航越海灣，到達一個眾所周知是單車天堂的小島。島上沿路風景如畫，而且沒什麼車。

我到達碼頭時，渡船剛好要靠岸。好友族聚在一旁，媞爾達・提亞則已站在碼頭邊，像是決定第一個上船。這表示我得先經過好友族，才能走到她那。

「也去薛特島？」留八字鬍的男人問，彷彿薛特島不是渡船唯一的停靠點。

我點頭。

「我們要騎去拉姆斯飯店吃午餐。一起來吧！」

「謝謝。」我說，暗自竊喜。目前為止，騎單車這活動似乎是認識人很不錯的方式。

我對著媞爾達・提亞指了一下，告訴八字鬍我還有同伴。

他掃了媞爾達・提亞一眼，判斷她並無大礙，然後建議把她也一起帶去。

「成功了。」我牽著車走向媞爾達・提亞時輕聲說。我指向好友族，跟她說好友族問我們想不想跟他們一起吃午餐。

「不要。」她說。

「為什麼？」

「因為他們讓我想起我的前夫跟他的朋友。這不是我現在想要的感覺。」

為了證明這一點，她開始把車牽向船頭，跟好友族離得遠遠的。

單車交友，結局是……

果真沒錯，十五公里之後，我就發現媞爾達・提亞中意的是另外一種類型的男人。

我們騎在一個風景秀麗的半島上，半島上散布著歷史悠久的大房子，這時她突然停下來。

「妳看，」她說，一邊指向一座維多利亞式的豪宅，「這就是我夢想中的房子。如果我有錢到不行，就會住在這棟房子裡。」

盯著那豪宅的當下，我們突然注意到隔壁的房子裡走出來一個男人。一身T恤跟慢跑短褲，發達的肌肉與完美的體格，深色的頭髮跟動作明星一般的臉蛋。才幾歲？三十？

「噢，我的天啊！」媞爾達・提亞驚叫，看著那男人走到車道盡頭，開始慢跑。「是那個帥哥！」

「誰？」我問。

「我沒跟妳講過嗎？我前天在港口看到他，他簡直就是世界上最英俊的男人了。」說完她就追上去。

拜託別做這種事。拜託別逼我做這種事，我在心中祈禱，然後使勁踩踏板想追上她。然後就因為這個愚蠢的行為，意外終於發生了：我受傷了。

這個富豪區的街道上布滿了陷阱：減速丘、三角形的小障礙物，還有隨機設立的金屬桿。正想避開一個金屬桿時，我急速撞上一個減速丘，雙腳飛離踏板，然後其中一個踏板狠狠撞上我的脛骨。

「好痛……」我說。

我下車。鐵定會留下一塊瘀青，而且好痛。不久的未來某時應該就不會再痛了，但是此刻我還是得繼續騎車。至少要騎到能找到媞爾達．提亞。

她已經消失在一個小山坡後，我打電話給她。

多虧她的藍牙耳機，她立刻就接起了。「妳在哪？」她問。

「我撞到一個減速丘了。」

「妳受傷了嗎？要我回去找妳嗎？」

不，我不想。情況沒那麼糟。

我在一個交叉路口趕上她，給她看我的腿。

我顯然不需要救護車。但是另一方面，我倆都決定吃點冰是個好主意。

我們開始往一間知名的海邊餐廳前進。根據媞爾達．提亞的單車 **APP** 顯示，只有五公里遠。

十五分鐘後，滿身大汗、精疲力竭的我們終於抵達了。不虧是熱門景點，因為餐廳裡已坐滿了三、四十幾歲的父母，加上滿滿的小孩。

我們在一張桌邊坐下來，拿著菜單對臉搧風。「我實在不懂我為什麼會流這麼多汗。」媞爾達．提亞抱怨道。

「我懂。」我說，掏出手機查看。「因為現在是……攝氏三十度，加上百分之七十的溼度。」

我們大笑起來。我們倆到底在幹嘛？兩個滿身大汗的中年女子，在三十度的高溫下出來騎單車，心想我們可以就此認識男人？

不過也無所謂了。我們坐在餐廳裡五顏六色的藤椅上和吊式風扇下，覺得很愜意。外頭，小孩子在海灘上玩耍，停泊在海灣上的一艘派對船上，旅客們把彼此推下水。

我們點了餐廳的招牌冰點，霜凍優格——粉紅酒、新鮮草莓，加上一丁點伏特加，攪成一份甜美的霜凍優格。我們吃著條沾美乃滋。然後，因為這就是這樣的一天，最後我們叫了輛 Uber 的車回家。

第三章

Tinder實驗

單車男孩的挑戰了無成果後幾天，我回到紐約的公寓，立刻收到一封電子郵件。一位叫做艾瑪的女士想請我就手機交友軟體 Tinder 寫個實驗性報導。

「實驗性」這個詞引起了我的注意。真好奇這到底是什麼意思。

我看到艾瑪在郵件裡附上了自己的電話號碼。這表示這議題很重要，因為只有在特殊狀況下才能打電話。

郵件來回幾次之後，我們約好了一個時間通電話。

「喂？」編輯艾瑪說，接著自我介紹，說自己二十六歲，大多數的時間都活在網路上，然後坦承自己不是很擅長活在「現實生活」中，而講電話就是現實生活。

我問她所謂的「實驗性」是什麼意思。

艾瑪壓低音量。「我想要妳把 Tinder 的真相寫出來。」

真相？難不成這就是「實驗性」的部分？

如果真是如此，那麼「真相」其實是艾瑪就職的雜誌出版社盛讚性愛、約會、交友與身為女人。而身為女人的一部分就是被困在工業浪漫主義的迷惘裡，被鼓勵去相信真愛、浪漫、結婚生子和快樂結局。這個理想以上百萬種不同的方式售出，從電視真人秀到性感內衣到鼻毛剪。我們花錢去買浪漫，只是想讓自己心裡好過一點。

這表示，很有可能艾瑪也想要那同樣老掉牙的故事，也就是網上交友有它的優點和缺點，但是背後的動機都是終成眷屬的快樂結局。也就是最後有人結婚了。

另一方面，儘管我已聽過不少人批評這個惡名昭彰的手機交友軟體，也就是這軟體不是用來約會的，而只是用來「找伴」的——找伴的意思可以是兩人並排躺在床上一起看Netflix，也可以是淋浴間裡享受無恥的性愛。我聽到的評語全都很差：上面的男人全是混蛋，他們會寄來陰莖的照片；他們沒有人看起來跟照片上一樣；他們謊話連篇；他們會跟你搞上了，然後就不再寫短訊給你。還有人跟我說，上面的男人只會從外表評判女性，然後跟你見面時，整個時間只盯著手機找其它的配對……，就這樣沒完沒了。最後的結論都是：上面的男人就只想要女人為他口交。

我不想接這工作。

「拜託？」艾瑪求我。

「為什麼？」我問。

「因為，」她又壓低音量，「我有幾個朋友……快被 Tinder 毀了。妳一定要幫幫她們。」

我不確定自己可以幫上忙，我已經很久沒有寫過「新聞報導」了。但是我還記得一條規則：保持開放的心胸。故事沒寫完之前，先別決定故事的內容。

「但是如果我調查的結果發現 Tinder 還不賴？如果我還喜歡上 Tinder？」我問。

艾瑪發出一聲刺耳的尖笑，就掛斷了。

我在手機上下載 Tinder 軟體，點進去。

先付費再說

我發現的第一件事，就是 Tinder 表面上是約炮軟體，其實是吸金軟體。要使用 Tinder，我就得先同意每年繳交九十九美元，而且終其一生。這就使我有些反感了。這表示等到這個該死的 Tinder 實驗做完後，我還得搞清楚怎麼退出 Tinder，免得他們一直收我的錢。

再來就是它跟臉書連結在一起。我不怎麼管理我在臉書上的帳號，但 Tinder 自動登入我很久以前在臉書上建立的帳號，然後我的照片立刻就出現了。當然是十年前拍的照片了。還有我的迷你個人資料頁，上面有我的名字，還有，沒錯，我的年齡。

一切已經開始大錯特錯。Tinder 是用來交友的。誰想跟個五十幾歲的女人交朋友？

但是看來真有兩個男人想。兩人都六十幾歲，都抽菸。這樣沒用。我自己已經是熟女了，我實在不想再跟個熟齡男子做朋友。理所當然，不是嗎？

我仔細檢查一下我的個人資料，發現 Tinder 已經自動為我設定好我可能會感興趣的年齡層。也就是五十五歲到七十歲的男人。

這也使我怒不可遏。Tinder 認為我這樣的女性只想跟年紀相仿的男人約會，簡直就是性別歧視。

算是跟 Tinder 槓上了，我把感興趣的年齡層改成二十二歲到三十八歲。

情況突然改觀。這個年齡層才是真正的使用者，也是動向所在，尤其是二十二到二十八歲之間。

我打電話給凱蒂。「我連這個向左向右滑的東東都搞不清楚。怎麼會有這麼多年輕小夥子對我有興趣？誰會想到有這麼多年輕小夥子想跟熟齡到可以當他媽媽的女人交朋友？」

然後下一步又該怎麼做？

想當然耳，我的朋友沒人知道該怎麼做。他們知道的比我也沒多多少，知道的都是我已經聽過的：Tinder 是個交友軟體，女人在上面認識男人，替他們口交後，就再也沒見過對方。

這些潛在口交對象的照片以卡片的方式顯示出來，顯然在暗示這軟體不過是個遊戲，只是設計來讓用戶長時間黏在上面。

我開始按「讚」。每次一按完，螢幕上方就出現一個小圖案，告訴我我有新「配對」。

哈，真好玩！甚至可說是刺激。我有配對喔，不管這「配對」實際上到底是什麼意思。

幾秒鐘後，我領悟了。配對的意思是我可以收到訊息。

我開始讀。

妳跟《慾望城市》有關係嗎？

妳是坎蒂絲．布希奈兒嗎？

我能說什麼？**沒錯**。

叮，對方回覆：

這軟體配不上妳。

這可真令人振奮。這些男人根本不認識我，卻自認對我已經有一定的了解。這軟體配不上我。沒錯，沒錯，真沒錯。

但是這也使我緊張起來。如果這軟體真的這麼**爛**，為什麼大家都在用？為什麼連 Tinder 上的男人自己也說它爛？這些男人如果說這軟體**好**，不是才更有機會嗎？

說不定是 Tinder 上的男人沒那麼聰明？

一個名叫朱德的男人寄給我一則很長的訊息。講說我們在臉書上有個共同的朋友鮑比是個多可惡的混蛋，還有他自己宿醉多嚴重，然後最後一句大概的意思是：**身為公眾人物想用手機交友軟體找人約會感覺一定很遜吧**。

是啊，朱德，我心想。應該是很遜。你真體貼，還考慮到我的處境。

我回覆：**哪個鮑比？**

我又看看朱德的照片。引起我注意的那張照片上，他一頭深色的頭髮有些蓬亂，蓄著鬍子，戴著一副圓圓的眼鏡，露出一個幽默聰明的微笑，彷彿想裝成一個可愛版的史奴比。我快速滑過他其他的照片，包括一張他在打鼓的照片。我發現他住在布魯克林，是個樂團成員，所以囉，我心想，對我來說高不可攀。

但是誰又知道呢？

不是殺人狂就好？

於是，一個星期三傍晚，艾瑪跟我在我的公寓裡舉辦了一場聚會，找來一群定期使用Tinder的年輕女子。包括艾瑪在內，這群女生的年紀從年輕的二十二歲到千禧世代的三十三歲不等。

就跟我遇過的大多數年輕女子一樣，她們全令我印象深刻。個個都具有獨立思考的能力，而且展現出獨特的衣著風格。事業對她們來說很重要，而且似乎也是樂趣的泉源。

我為大家倒香檳酒，然後把手機給她們看。她們立刻開始分析跟我配對成功的男人。

「噢，妳們看這男的。愛默森學院。挺帥的。」漢娜柔聲道。

「我覺得我不該跟個大學生約會。」我說，「妳們覺得這個男的呢？他說這軟體配不上我。」

愛麗莎說這是男人的詭計。「上面的男人總是會說妳太漂亮、太優秀，不該用 Tinder。這是他們慣用的招數。」

那朱德呢？

大家全翻起白眼。他的訊息顯然太長了。「Tinder 上的男人要不就不回應，要不就寫篇小說給妳。」

「但是如果他們在溝通，不是很好嗎？」我問。

顯然不是，因為如果他們在溝通：「就全只在講自己。」

「你們覺得世界上有沒有哪個男人不會只講自己，或者不會只想著自己嗎？」我問。

大家異口同聲說：沒有。

瑪莉恩有個問題：「我們女性該如何應付男人這種只顧著自己的心態？還是我們只能接受這個事實，然後如果哪個男人假裝專心聽妳講話兩秒鐘，就心滿意足？」

艾瑪開口了。她是今晚這群人當中唯一一個不只**非單身**、而且還**結了婚**的人。她如此解釋：「我覺得我老公一點都不是這樣只顧著自己，我卻反而是。我只會講我自己的事，然後有時候我會再問他今天一天過得怎麼樣。這樣就平衡了。所以妳們就是要一樣也只顧著自己，因為在男女關係裡，每個人都只能顧著自己。這樣你們兩人都可以盡全力關心自己，然後再關心對方一點點。」

我笑起來。「如果十年前妳說這句話，人們會說：『這些自私的婊子，這就是為什麼她們沒男人！』」

「但是她**有**男人。」愛麗莎說。

沒錯，我心想。這表示這社會是有一點變得更好了。女人可以自由說出自己的心聲，而男人還是願意跟她們配對。

但是艾瑪跟她老公是在 Tinder 上認識的嗎？

不是。隨著我倒給大家更多香檳酒，大家開始批評 Tinder。

「在 Tinder 上找男人，就跟找公寓一樣。」吉娜說，「無聊死了。」

「Tinder 上二十幾歲的男人全都在吃藥，而且都被心理醫生診斷過有病。」

「他們會說：『我有注意力缺失，所以沒辦法回訊息給妳。』」

「傳訊息其實很來電，因為沒多少人在傳訊息。」柯琳娜說。「跟會寫訊息的人傳訊其實很性感。我就喜歡這樣慢慢醞釀。」

「這樣我的耐心早就被磨光了。」吉娜插進來。「如果有人跟我配對，我就會直接問什麼時候可以見面。我才不想傳訊息傳個沒完。我覺得那是年輕人喜歡做的事。」

「就跟動態圖一樣。」愛麗莎說。

「噢，不會吧。我就喜歡**動態**圖。」二十二歲的柯琳娜說。

「動態圖是新世代的特色。」艾瑪解釋，「就跟妳的外婆不知道什麼是表情符號一樣。像我就不懂什麼是動態圖。」

但是這最終總會有個好結局吧？像是約會？

「約會？」瑪莉恩嗤之以鼻。

「曾有男人約會時帶我去自動提款機，真算讓我大開眼界了。」柯琳娜說，「他們去辦事，我就跟在後面。他們去拿乾洗的衣服，我就跟在後面。」

「有個男人曾傳訊息給我說八點鐘跟他在餐廳見面。我好興奮，以為終於遇到一個懂得規劃時間的男人了。結果啊，他跟我約在餐廳只是因為想去那上廁所，然後我們去星巴克，但是連杯咖啡也沒喝，最後還被趕出來。」漢娜說。

吉娜翻個白眼。「這男人恐怕還跟媽媽一起住。」

身為最熟齡的一員，我不得不提出這個不可避免的問題：如果約會像工作，網路上的男人都不好，為什麼不試試用傳統的方式認識男人？比如說在酒吧裡？

「去酒吧的問題就是不一定會認識人。我去酒吧去了好幾年了，也只遇過兩個男人，跟他們回家睡了一覺。好啦，可能是四個啦。」吉娜說。

另一方面，想在約會軟體上認識人，也一樣困難重重，尤其是考慮到在現實生活中是否會來電的問題。

「在網上我會看到好多男人，心想：不夠帥，沒興趣，但是如果在現實生活中遇到他們，我**其實會**感興趣。」漢娜說。「在現實生活中認識人，可以感覺到對方的**人性**。在網上就沒辦法。」

氣氛突然緊張起來，彷彿有人說了政治不正確的話。

一陣沉默。「所以妳寧可在現實生活中認識人？**這樣**妳就可以認識**所有的人**？」艾瑪問，彷彿這種事根本不可能。

「我不是覺得網上認識人不好。」漢娜辯解，「我的意思是說在脫離現實的狀況下，最後往往只留下失望。妳可以盯著某個男人六張漂亮的照片，但還是不知道在現實生活中會不會跟他來電。」

或是有感覺。

「如果妳上 Tinder 只是想跟人上床，那就沒問題。妳會覺得一切都在掌控之下。但是一旦有了感覺，就失控了。」吉娜說。

「『產生感覺』，現在的青少年就這麼講。」艾瑪補充。「如果對人產生感覺，就完了。這是我們之下這一代的特色，越來越糟糕。」

「但是我喜歡跟人上床，又有感覺。」瑪莉恩說。

「如果對方對妳也有感覺，就是最棒的性愛了。」漢娜說。

「像是『戀愛』的感覺？」我問。

不是。「我們說的是只是基本程度地關心對方。但是你不需要見我的父母，也不需要當我的緊急聯絡人，只要對我有**一點點**的關心。」柯琳娜說。

「『人好』就是現在男人的優勢。只要你**不是殺人狂**，就很棒了。」艾瑪說。

「『人好』的意思也是開放跟坦誠，但是也不是『什麼都透明化』的意思。如果你懂得溝通，十分裡有六分，那我一定願意跟你上床。」漢娜說。

「也不需要很多，就只要當個基本的人。」瑪莉恩說。

漢娜轉向我，好奇地問：「妳年輕的時候都怎麼約會？」

老派約會之死

跟我過去二十分鐘聽到的內容比起來，三十年前的約會好玩多了。我該告訴他們我的直升機之旅嗎？或者在巴黎麗池飯店的浪漫晚餐？遊艇？威尼斯的貢多拉小船？

我環顧一周，感覺有些反胃。別講那麼複雜，我心想，然後為自己又倒點香檳酒。「通常會先認識某個男人，然後交換電話號碼。之後你們就分道揚鑣，幾天之後，他會打電話給妳。你們會聊一會兒天。如果對方很幽默，聊起來就真的很開心。然後他就會問妳想不想跟他出去約會。有時候，如果兩人真的聊得很投機，你們又會再聊上一小時。所以真正要跟對方約會的時候，妳會很興奮。對方也會很興奮——」

「那你們約會時都做什麼？」瑪莉恩插嘴問。

我又喝一口香檳酒。「我們會去吃晚餐。我們會聊天，會討論。然後吃完晚餐後，如果天氣還不錯，或是在下雪，可能會去公園裡散步。」

「噢，我的天啊！」艾瑪倒吸一口氣。

我困窘起來。「我知道，」我哀怨道，「太老掉牙了。」

「我一點都不覺得老掉牙。」柯琳娜說，「我還挺嚮往的。」

我笑起來，納悶自己是否被愚弄了。她們是**真的**對手機交友軟體出現前的約會方式感到懷舊嗎？

艾瑪嚴厲地環顧一周。「我們這一代每個人都很嚮往那種浪漫的約會，但是在現在這個時代，就是不實際。」

「但是我還是覺得約會時跟對方一起散散步很不錯。」柯琳娜滿懷希望地說。

漢娜嘆口氣。「我還真的有一次跟對方去散步，算是我這輩子最特別的一次約會了。你看，我認識一個男生，然後我們一起在公園裡散步，這輩子我從來沒經歷過這麼浪漫的事，就這麼一次。」

十分鐘後，我關上門。我收拾滿桌空了的酒杯，心想艾瑪說得沒錯，Tinder 真的不好，光是討論 Tinder 就令人沮喪萬分。

虛假形象

隔天，我打開 Tinder，準備好接受打擊。然後它們就出現了：那些神奇的粉紅色波浪。從我的臉上散發出來，彷彿我是迪士尼電影裡某個有神力的公主。我已經忘了這些波浪有多令人寬慰。然後，耶！成功了！兩秒鐘內我就勾上一個男人。一個肌肉發達的性感男子，名叫大衛。

嗯，喜歡。

繼續玩嗎？Tinder 問。

當然。

就跟在賭城一樣。

然後一開始玩我就停不下來了。而且跟朋友講個沒完。

我說：「無論大家怎麼批評 Tinder，我必須說，我從來沒有過這麼多男人對我感興趣。**很久很久**沒有了。而且還稱讚我，像是『妳的眼睛真漂亮。』」

「就算他在說謊，那又怎麼樣？」我會繼續說，「已經有好幾年沒男人這樣稱讚我了。」

然後我四周的女性朋友會深表同意，尤其是已婚女性，但正在辦離婚，或者剛離婚。她們會滿心嚮往地盯著我的 Tinder 配對，然後嘆一口氣，又回去寫信給她們滿心怨恨的前夫，討論週末讓小孩去跟爸爸過夜的事。

回到小村，凱蒂跟我一起瀏覽我的配對。我們彷彿回到了從前，當時二十幾歲的我們仍窮兮兮，會聊男人聊上好幾個小時，試著猜透男人，彷彿他們可能就是答案。

「妳一直都很漂亮。」她說，「但是以前也沒有這麼多男人對妳感興趣，就連妳二十五歲時也一樣。」

「我知道。而且他們全都比我年輕。一定有什麼不對勁。」

「讓我看看妳的手機。」她說。

她仔細閱讀我的個人資料，然後笑起來。「哈，難怪，這是我這輩子見過妳最漂亮的四張照片啦。」

「照片？」我驚叫，「什麼照片？」

我以為只有一張照片。

我把手機搶過來。

該死的 Tinder！**他們還有我哪些資料**？而且他們是怎麼辦到的？

凱蒂說得沒錯。我的個人資料上還有另外三張照片，都是好久以前某次專業攝影時拍的，專業的髮型跟化妝完美無瑕。

我知道這些照片源自於我的臉書或 Instagram 帳戶，但是為什麼偏偏選這幾張照片？為什麼只選這幾張年輕的照片？熟齡一點的照片有什麼問題嗎？

我最近的照片大多都展示出一個笑容滿面、但是顯然已進入中年的女性，看起來簡直像某人住在市郊的**老媽**。難不成有個**人**——Tinder 的人——特別選出這些年輕的照片，還是有某個神秘的**篩選**程式選出數學分析下最漂亮的照片？

Tinder 是否創造出一個虛假的我了？

這表示連約會都還沒約會，我就已經為自己建立起一個「虛假的形象」——也就是使自己在網路上比在實際生活中看起來更高、更漂亮、胸部更大、更有錢、更光鮮亮麗、更遍足世界、更有人際關係、更成功、更**年輕**。

「現在怎麼辦呢？」凱蒂問。

我一邊哀嘆一邊跟凱蒂瀏覽我的配對。理查，二十八歲，是挺帥的，但是看起來有些自鳴得意、高傲自大。克理斯，二十五歲，也很可愛，在《紐約時報》的科技部門工作，但是看起來像是才剛大學畢業。我滑到朱德，三十一歲。

「那他呢？」凱蒂問。

「他住在布魯克林，而且是樂團成員。有點太老套了。」

「那又怎麼樣？說不定他會帶妳去布魯克林某個很酷的夜店。這樣對妳還不賴喔。」

Tinder 獨角獸

幾天之後，我梳妝打扮準備去我希望是這輩子唯一一個 Tinder 約會時，我領悟到其實我一直就想選朱德。

我拉上洋裝的拉鍊，回想朱德從一開始就不同於大家對 Tinder 男人的偏見，像是：「他們不懂得怎麼安排時間。」

錯了。朱德可懂得安排時間了。才通過五次或六次或七次訊息，我們就安排好第一次「約會」的時間——我們約好在林肯廣場上一家餐廳喝杯酒。

「Tinder 上的男人會寄來陰莖的照片。」也錯了。朱德可尊重我了。除了第一次談到宿醉之外，之後的訊息都又禮貌又理智。

「這男的說不定是殺人狂。」我好幾天來一直在研究朱德的照片，尋找殺人狂的跡象，但是我很確定在他的眼中只看到真誠的善良。

每個看過朱德照片的人都同意朱德長相不賴，而且很有「男人味」。但是另一方面，如果他長相不賴，恐怕也表示他個子不高。畢竟，你不可能剛上 Tinder 就遇到一個好看、善良、**而且**個子又高的男人。然後我又看到了：深色的頭髮、鬍子，還有閃閃發光的黑色眼睛；如果朱德真的個子不高，看起來就會像查爾斯．曼森。

嗯哼，**太好了**。

走進餐廳時，我突然領悟到朱德將是我這輩子第一個在網路上認識的人。就連在我耳裡，聽來都不可思議。這怎麼可能呢？畢竟這些日子，一半的婚姻都始於網路交友啊。

我立刻納悶起來，這次約會會不會也成為那種老掉牙的故事：克服重重困難，兩個完全不相識的陌生人在手機交友軟體上相識，最後終成眷屬。

不可能。

我提醒自己，這次會面純屬研究性質。我不會跟他上床，他也不會成為我的男朋友，而且我們無論如何也不會在不久的未來「成為一對」。

我走進餐廳，環顧一周。

沒有一個人看起來像照片上的人，但是誰知道呢？

大家都說沒有人看起來跟網路上的照片一樣。

我注意到一個穿著深色T恤跟長褲的男子。

他有可能是朱德嗎？他看起來不像在等人，但是也不打算要離開。他就只是站在那裡，可以算是靠著牆。朱德會這樣嗎？他會這樣就只**站在那裡**嗎？

我走過去，問：「你是朱德嗎？」

他看著我，一副彷彿我是他鞋底上一塊汙垢的樣子。

「不是。」他凶巴巴地說。

我轉身走去吧台。

我在一位女士身邊坐下來，那女士背對著我。我點了一杯白葡萄酒，還有一杯冰塊。

如果朱德根本不來呢？

但是他一定會來。大家都這麼跟我說。因為Tinder的人花費那麼多心血想讓人約會成功，因此約會成功是會受到獎賞的。所以囉，至少為了這一點，對方一定會出現。

接著我突然坐直起來。

我身邊那女士另外一邊的女人開始講話了。而且很大聲。

她正在嚴厲地批評男人。

我在椅子上稍微滑過去一點。

我只能說，我這輩子聽過很多女人批評男人，但是這回不同。那份尖刻、那份怨恨、那份怒火。我按下錄音鍵，把手機推過去一點。

她立刻閉嘴不說了。我等了一下，然後把手機推回來，看了一眼那錄音檔，然後按下刪除鍵。

「不好意思？」她假裝禮貌地大聲說。

糟了。

「我剛看到我們一開始講話，妳就在手機上不知按了什麼。然後我們一不講話，妳就把手機收回去。請問妳是不是在偷偷錄我們的音？」

該死。「沒錯。」我說，然後匆匆解釋說我正在寫一篇Tinder的報導，想確定手機的錄音功能沒問題。

「Tinder爛透了。」她大吼，「爛到底。我只有想讓男人請我喝杯酒的時候才會上Tinder。但是大多數的時候我連杯酒都喝不到！」

但是我呢，顯然能夠喝杯酒，因為這時朱德出現了。而且啊，比照片上高多了、好看多了。

難不成我遇到了一個Tinder獨角獸？

醜陋的真象？

這已變成一種固定的模式：朱德幾乎立刻就開始跟我說Tinder有多爛，還有上面的男人只想著一件事：性。

「什麼樣的性？」我問。

「口交。」他一臉嚴肅地說。

「那麼幫女人舔呢？」

他搖搖頭。「有些女人並不喜歡。總之，Tinder的目的就是讓男人把女人搞上床。越快越簡單越好。」

「但不是所有的男人都這樣吧？」

他不說話。

「你也這樣嗎？」

他搖搖一頭蓬鬆的頭髮，有些困窘地用手梳頭髮。

我心想就算朱德一度也曾「像那樣」，顯然他現在正在嘗試改變。這大概也是為什麼他同意跟我會面。

他點了一杯啤酒，然後立刻開始跟我聊他的前女友。

不出所料，整段戀情很悲傷。聽起朱德是真的真的很喜歡那女生。他們在一起一年多，她跟他同齡，而且在音樂界裡可有名了。他說她很成功。

但是朱德也有自己的事業。過去三個月他跟著樂團在歐洲巡迴演出，去了柏林等地方，拿了薪水。

「也許我會搬到柏林去。」說完他害羞地盯著地板。

這時我已經喝了半杯酒，更放鬆了。「你不會搬去柏林的。」我安慰他說。

「為什麼不會？」他問。

「因為這樣太愚蠢，是浪費時間。你應該在這裡繼續發展你已經擁有的事業。」我簡直要去拍拍他的手了。「別擔心，你不會有事的。」

是嗎？

朱德透露說他的家人問題重重。他覺得他爸爸有躁鬱症，他的叔叔自殺了，他的祖母則堅持對此一切置之不理。

「都是多年下來沒診斷出來的精神疾病。」他說。我想起跟Tinder小組的對話。

接著朱德跟我保證說他自己精神正常，然後也許是覺得自己透露太多了，立刻改變話題，談起他最近一次去柏林的經歷。他列出了某次狂歡作樂三天之中吸食過的四、五種毒品。我很想提醒他在國外吸食非法毒品恐怕不是好主意，但是我不想聽起來像他媽一樣。

我小心翼翼地把話題又轉到Tinder。

朱德說Tinder對女性非常不利，因為Tinder是被男性的性別歧視心理所創造，只是想增加男人把女人搞上床的機會。

「上面的人只想著『這女人能為我做什麼？』，男人把女人視為商品、東西。因為一切都在**螢幕**上。」他解釋說，「在螢幕上就不是真實的。你可以看了某個女人的照片，然後在你的腦中想對她做什麼就可以做什麼。」

我們談到「男性凝視」，談到它有多糟。談到Tinder如何把男人最差的一面引出來，將之簡化為最基本的本能。

隔天早上我醒來，覺得自己處於一場情緒的宿醉。

刷牙時，我發覺自己對朱德感到同情。

這樣說不通。為什麼我該對**他**感到同情？畢竟，在 Tinder 上你應該不帶任何感覺，也就是你可以假設對方也沒有任何感覺，所以沒感覺無所謂。

另一方面，朱德跟我說了好多他生命中的事，我還有些擔心他。我知道我再也不會見到他，但是我依舊希望他會一切安好，因為他本來可以當個混蛋，但是對我卻很好。

然後我發現，這就是問題所在。我在 Tinder 上有一段「好」經歷。

讓男人互相痛恨的軟體

我納悶，朱德為什麼也這樣批評男人？

所以我打電話給好朋友山姆。二十五歲的山姆會告訴我真相。

「有啥事？」他說。

「山姆，」我說，「我在 Tinder 上認識的朱德一直跟我說男人有多糟。」我跟他扼要重述我們的對話。「你以前也用 Tinder，」我帶著些許指責的語氣說，「他講的都是真的嗎？」

「呃，妳真的想聽真話嗎？」

三十分鐘後，山姆抓著頭上的小髮髻，在我的公寓裡來回踱步。「男人對彼此唯一知道的就是：男人很愚蠢。男人是被他們的『小頭』——龜頭——控制的。而我們把它叫做『小頭』不是沒有原因的。男人知道不該讓陰莖做主，但就是沒辦法。」

「為什麼？」

「因為如果你在這時代是個男人，就是會這樣。你別無選擇。才十二歲你就會接觸到色情雜誌，不管你想不想看。Tinder 也是一樣。就算你不想，你還是會上癮。如果你也是男人，Tinder 就是設計用來滿足你心靈裡最糟糕的那部分，也就是暗中想當選美比賽的裁判。」

「真的？」

「這就是為什麼男人無法停止滑照片。」他繼續說，「最終其實都只關數字。男人會把每張照片都往左滑，就只是想看看還有什麼選擇。再說，反正是匿名的，除非你寫了什麼，賦予你的照片一點生命。然後如果哪個女生回訊息給你，就好像是已經同意要跟你上床了。於是你就繼續滑，最後變成一隻狗。一隻狗！」山姆咬牙切齒。「每次我一想到我妹妹……」

我想起瑪莉恩說過只希望男人當個「基本的人」就夠了。

「所以你的意思是，Tinder 上所有的男人都是混蛋囉？」

「也不是所有的男人，」山姆說，「我就不是。但是**大多數**都是。」

「百分之幾？」

山姆內疚地聳聳肩。「百分之九十？」

我心想，難不成 Tinder 是專門給痛恨自己的人用的手機軟體？這就是為什麼男人們對彼此都只有壞話可說？Tinder 使他們痛恨自己，然後也自動痛恨其他男人？

我們是商品？

當天傍晚，賽希從小村來到紐約，跟我在公園大道上一間飯店裡據說是火熱的單身酒吧裡碰面。

進入酒吧時，我呆住了。酒吧裡滿是與我們年齡相仿的帥男人。

我走到吧台，在賽希旁邊坐下。其中有個男人特別引起我們的注意：長相不賴，灰黑相間的頭髮。賽希跟我決定用傳統的方式引起那男人的注意，也就是與他目光相交。

天啊，我們連女吧台員的目光都相交不到。

「要不就是我們老了，要不就是我們是隱形的。」我說，心中多渴望一杯白酒。「我知道我們老了，」我哀聲嘆氣，「但是我們以前在現實生活中還**有些**魅力吧。」

這時賽希的朋友克里絲媞走進來了。克里絲媞四十出頭，但是就跟紐約市裡這麼多的女人一樣，看起來比實際年齡至少年輕十到十五歲。完美無瑕的皮膚，白皙漂亮的牙齒。

也許未婚單身的克里絲媞能為我們解答。

我說：「克里絲媞，妳又年輕又漂亮，完美無瑕。告訴我們，是我們有問題」——我指指賽希跟自己——「還是現在男人在酒吧裡都不看女人了？」

克里絲媞得到吧台員的注意時，緊張地笑了笑。「沒錯，男人在酒吧裡不會看妳。現在不能再這樣做了。在現實生活中，人跟人之間的互動非常少。」她為我們每人點了一杯白酒。「這個時代就是這樣。」

賽希跟我點點頭。顯然我們並不清楚這條規定。

「我什麼都試了，什麼手機交友軟體都用了。Tinder、Match、Plenty of Fish、Bumble。甚至還找了個媒人。不知道什麼會有效，所以就只好不斷地試囉。」

那麼有結果嗎？

「我認識過幾個很不錯的男人，但是我喜歡的男人不喜歡我。有時候我覺得是不是我有什麼不對勁。如果我能找出來是哪裡不對勁，也許就更容易找到對象吧。」

她靠向我們，說：「我覺得我可能需要幫自己做很多廣告，因為沒有人願意買我。」

賽希若有所思地啜飲一口酒。「妳的意思是妳是個商品，要被人買？」

克里絲媞點點頭。「我是個商品，而且我要替自己重新包裝。」她停頓下來，環顧一周。「但不是每個人都這麼想嗎？就算有男朋友，妳還是個商品。」

「好啦，」她繼續說，「我熱愛我現在的生活。我熱愛我的工作，我熱愛我的朋友。但是我還想要一點點那特別的一部分，這是我唯一覺得缺失的部分。也許是因為我從來沒自己擁有過，但是我就是想要那缺失的一部分。」

繼續玩，Tinder 總是贏？

坐下撰稿之際，我領悟到只要女人還想要男人，而且只要還有機會得到男人，就算勝算不大，女人還是會繼續玩這個遊戲。

我把這個話題帶去跟一群超年輕女子討論。超年輕的意思就是太年輕還不能喝酒、不能投票，而且大概也太年輕，還不能使用像 Tinder 這樣的手機交友軟體。

「跟男朋友一分手後，我就又加入 Tinder，因為我們在一起的時候，他逼我把我的帳號刪掉了。」一個十六歲的女生說，「然後我馬上就開始感覺好多了，因為大家都喜歡我的照片。」

「關鍵就是大家的注意。大家注意到你，你就會覺得生活裡一切都很美好。」一個十七歲的女生說。她往後靠在椅背上，啜飲一口手上的拿鐵。「我一直都這樣講。所有的社群媒體都跟毒品一樣。我知道每一次有人在我的 Instagram 上說讚時，我全身就充滿腦內啡。」

「妳聽好，」十六歲的小女生盯著我的眼睛說，「大多時候妳都會跟人搭上線。只是搭上線就好，妳也不想要更多。但是如果對方開始煩妳，妳就只想回到Tinder。因為在Tinder上，玩的就是追逐的遊戲。」

艾瑪打電話來。「我可以帶走什麼結果嗎？」她問。

「帶走」這個詞使我不安起來。它使我想起速食餐廳牆上巨大的菜單，上面的食物照片令人垂涎三尺。

我納悶這是否會成為約會世界的未來景象：**帶走**。人們成為可以從菜單上點選的商品，像個**完全照你想要的方式**製作的漢堡。

還在思考這一點時，朱德突然傳訊息來，問我想不想星期六跟他去布魯克林音樂學院劇場看下午兩點那場《亨利四世》。他已經買好票了。

我無法拒絕。

於是，在一個寒冷的星期六，我坐上計程車，前往布魯克林。

計程車花了三十美元，不過我不介意。朱德已經買了門票，門票的費用恐怕遠遠超過三十美元。我提醒自己務必要跟他平分門票的花費。

來到劇場，我走進去。

然後就跟個快被放鴿子的可憐蟲一樣，我從人群中尋找他。等到人群都形成雙雙對對後，我領悟到朱德不會來了。

我傳訊息給他：**嘿！我們約錯時間了嗎？我正在布魯克林音樂學院劇場**。然後，莫明奇妙地，又加上：**呵呵**。

我以為不會再收到朱德任何訊息，但我還真的收到了。當天晚上他傳來：**噢該死我錯過時間了。真的真的很抱歉。我昨晚被送進急診了**。

我嘆了口氣。**你當然被送進急診了**。

有一刻，我還有些好奇他為什麼進急診。但是那一刻馬上就消失了。然後我發現我也被Tinder 感染了。因為我一點都不在乎。

但是朱德顯然在乎。隔天，他又傳來：

嘿抱歉前一封訊息寫得有些倉促。我剛從醫院回家，不知道時間已經那麼晚了，然後有一大堆的訊息跟語音訊息……真的真的很抱歉錯過了我們的計畫！妳一定很生我的氣吧，我絕對可以理解……都要怪我自己。星期五晚上我出去用了太多毒品，而且醉到不行，然後顯然是想坐進自己的車，但是不知道那是別人的車，警察差一點就要拘捕我（我被銬上手銬一陣子），但最後還是我把送進急診。

我覺得他們可能給我吃了鎮靜劑，因為我後來昏迷不醒十二個小時。真的很抱歉，我其實很期待跟妳去看表演的，現在很生自己的氣。

我傳給他：**謝天謝地你沒事**，然後加上一個笑臉。

然後我笑起來，我被 Tinder 高超地贏了一局。Tinder 是莊家，而莊家總是贏。

我站在外面，在四十二街西普安尼餐廳的某個正式晚餐期間出來透口氣。這時我注意到有位女子站在柱子間的階梯上。她個子又高又瘦，一頭豐盈的秀髮，穿著貼身的雞尾酒洋裝與過膝靴，像個女戰士一樣。

我當然不自覺地盯著她。她看到了便走過來。

「有打火機嗎？」她帶著俄語腔問。

「當然。」我說。

我們一語不發地站在那一會兒，看著一個個「百分之一世界」的貴婦坐著她們自己的大轎車或休旅車來來去去。

「問一下，」我說，「妳用 Tinder 嗎？」

「當然。」她笑著說。

「為什麼？妳這麼漂亮，看起來不需要用 Tinder 啊！」

她點頭表示同意，然後示意要我靠近一點。

「妳想知道 Tinder 的祕密嗎？」

「好啊。」

「如果妳上 Tinder，就會有更多人在 Instagram 上追蹤妳。」

我不可置信地盯著她。「真的嗎？就因為這樣？就只是為了 Instagram 上的粉絲？可是……那些上去是為了交朋友的女人呢？然後她們跟男人見了面之後，但是對方不想再約會？或者是對方喜歡她，但是她不喜歡呢？」

俄國女子轉過身，她說，「妳知道答案的。」

「不，」我說，「我不知道。」

「因為女人永遠不會變。一直都這樣。」她停下來把香菸彈走。「我們女人不知道自己想要什麼！」

然後伴隨著一陣得意的笑聲，她轉身走了。

有一會兒，我就只是站在那。她說得沒錯嗎？真的就跟這個了無新意的陳腔濫調一樣這麼簡單嗎？

但是接著我領悟到她錯了。因為女人其實知道自己想要什麼。而且大多時候，她們想要的似乎都很簡單。一點點的尊敬。就跟漢娜說的一樣，被當成人對待。

我伸手招來一輛老派的黃色計程車。

「去哪？」司機問。

我露出微笑。

回家。

第四章
小鮮肉之戀

最近在小村裡，瑪莉蓮跟一個二十一歲的小鮮肉搭上了。那男生本來只是送貨到她家，但是顯然是那種很友善的類型，因為他馬上就開始跟她搭訕。十五分鐘後，她終於在第六次提醒他自己有個電話會議後，才把他趕走。

她開始了她的電話會議，然後就完全忘了那個送貨的小男孩——直到下午六點鐘他傳訊息來。

妳好漂亮，他寫，**可以約妳出去嗎？還是二十一歲對妳來說太年輕？**

沒錯，太年輕，她回覆。

對方立刻回覆：**噢！真殘忍**。

我們覺得這事件大概只是個例外，也沒再深入多想，但是兩天之後，賽希卻遇到相似的經歷。她去一位中年社交名媛所舉辦的私人派對上聽歌劇，演唱結束後，所有的中年人都急忙往自己車子的方向走，想及時回家睡一夜好覺。社交名媛二十二歲的兒子本來一直跟朋友躲在幕後，這時卻走過來，低聲問賽希：「嘿，妳想去夜店嗎？」

接著昆妮也遇到這種事。她夏天時雇了一個二十四歲的實習生。才實習到七月四日後沒多久，他就跟她表白，說他覺得她性感無比，還試圖吻她。

這就使我納悶了：難不成熟齡女性現在是年輕男子不想吃都不行的貓薄荷？

一開始，這想法有些不可思議。畢竟，這麼多年來，我們一直無法想像年輕男子會喜歡比自己大個十歲、二十歲、甚至三十歲的女性——甚至幾乎認為這是條違反自然規律的罪行。

再說，有無數的電影述說著熟男嫩女的故事，但是幾十年來只有一部電影描述了相反的關係：《畢業生》。

然而，熟男嫩女電影中的戀人最後總在夕陽西下時開車駛離，去過著幸福快樂的日子（儘管年齡相差三十歲），《畢業生》中每個人的結局卻都挺慘的。

這部電影的訊息很清楚：女士們，絕對絕對不要在家模仿。

所以囉，接下來大概有二十年來，沒有一個自尊自重的女性做過這種事，直到我們進入八○年代。突然間，世界上出現了所謂的「美洲獅」——也就是膽敢跟年輕帥哥上床、或者至少公開喜歡年輕帥哥的熟女。而這些年輕帥哥則被稱為「男玩伴」——體格健美的年輕男子，一身油亮的肌肉，穿著黑色的內褲。大家都取笑他們。也難怪，他們太可笑了。你會看著他們的照片，然後想：如果我跟這樣的男玩伴上床，隔天早上要怎麼樣才能把那油膩膩的凡士林跟汗水從床單上弄掉啊？

現在呢，又過了三十年。而多謝了色情書刊與電影，情況又變了。二〇〇七年，Google上最常被搜尋的色情詞彙是「性感熟女」。

換句話說，現在有一整個世代的年輕男子曾對比自己大個二十、甚至三十歲的熟女想入非非。

為什麼不呢？多虧運動、接髮、肉毒桿菌、健康飲食和超進步的醫美技術，就算是實際上已無法生小孩的熟女，還是可以看起來還處於適孕階段。然後使她成為經驗小鮮肉的最佳人選。

貓薄荷 vs. 美洲獅

與熟齡女性追求年輕帥哥——就像在電影《畢業生》裡——不同的是，「小鮮肉經驗」是年輕男子追求熟齡女子。「美洲獅」的典型形象是穿著太過年輕的強悍女子，但是「貓薄荷」卻是友善、實際的女性，可來自大城、市郊，其實來自哪裡都可以，而且非常非常有可能是某人學校同學的媽媽。

接著神祕的事情發生了，突然間一個理性的女子發現自己已無意間捲入小鮮肉之戀。

比如說瓊恩。事情發生的時候，她正在昆妮家吃晚餐，昆妮雇了一個專業廚師。這些日子，許多過去是較年長的人在做的事，現在都是千禧世代在做，而這回也不例外，因為這位廚師才二十七歲。瓊恩跟那廚師剛好看對眼了，然後就一發不可收拾。

無心撞上小鮮肉。

也許這其實也沒什麼，偏偏這廚師是昆妮姪女的男朋友。想當然耳，昆妮知情後當然氣炸了。瓊恩說他是她公平搶來的。好啦，大家開始選邊站。但是在這種情況下，誰又知道什麼才是恰當的禮數？

瓊恩跟小鮮肉戀情曝光三個月後，我在紐約市遇到她。我心想她跟小鮮肉大概已經分手了。

才怪呢，他們還在一起。

他們不只是在一起，而且三個月前他還搬進她的公寓住了。「是啊，我們現在同居。」她聳聳肩說。「我真的真的很開心。」但是接著她說，他還在找自己的地方住。

她看起來有些困窘、有些脆弱。我看得出來她任自己愛上他了，此刻無疑在納悶他搬出去是否表示準備想跟她分手。我可以感覺到她的羞愧：都幾歲了，我們不是早該知道會有這樣的結果嗎？

其實不然。幾個月後，凱蒂巧遇他倆一起買家電。他們還在一起。因為在這個小鮮肉的新世界，有些男人還是會留在妳身邊。或者更糟的是，愛上妳。

然而，不是所有的小鮮肉經驗都有好結果。從妳初次意外撞上小鮮肉，然後讓小鮮肉住進自己家，到最後真的結婚——看看妳跟身邊比妳年輕好幾歲的丈夫——這一路上存在著許多可怕的陷阱，像是：假設妳某天早上在小鮮肉的家裡醒來，結果發現妳認識他爸媽？

呃……媞爾達．提亞一個月前就差點遇到這種狀況。

妳可不想遇到這種事。

小鮮肉進攻

小鮮肉現象最詭異的就是，什麼女人都有可能遇到這種事，就連從來沒考慮過交個小男朋友的女人也是。

比如說凱蒂。她一輩子只喜歡比自己年長的男性。比自己大個十歲、十五歲、甚至二十歲，就像她即將離婚的現任丈夫一樣。「我喜歡有智慧的男人，有見解的男人。無法想像二十五歲的小男孩有這能耐。」

我們不知道她有多快就改變主意了。

事情發生在凱蒂一個已婚朋友的小型生日派對上。凱蒂沒準備離婚前，常跟這個已婚朋友艾莉森在一起。艾莉森也是凱蒂在婚姻裡所交到的朋友中，少數幾個仍會邀請她來聚會的朋友之一。畢竟決定離婚六個月後，凱蒂開始理解人們就離婚所說的各種壞事，都是真的：朋友開始選邊，然後你不斷聽到他們舉辦聚會，卻不再邀請你。

在派對上，凱蒂試圖讓這些仍在婚姻中的朋友們理解，她很好。他們也支持她。男人們把她拉到一邊，告訴她，他們一直覺得她前夫是個混帳；女人們則在廚房裡圍著她，告訴她，她會找到更好的對象。

晚餐期間，話題再度轉到凱蒂跟她的最新單身狀態。這些已婚朋友一竅不通，卻大談網路交友，還有網路交友有沒有用，以及凱蒂該不該試一試。

凱蒂發覺自己越來越沮喪，她絞盡腦汁想找藉口在生日蛋糕端上桌前離開。她可以說自己突然肚子痛或身體不舒服，或者哭說家裡的狗出事了——就在這時，前門突然開了，一群二十幾歲的年輕男人走進屋。

這瞬間湧進的男性賀爾蒙如同海洛因，氣氛立刻就變了，變得更有生氣。這些熟男熟女全把身子坐得更直一點，對話也變得更犀利、更快活，甚至更大聲。

彷彿是這些成年人突然想得到這些年輕人的注意。

凱蒂很快就推測那個個子較矮、臉蛋俊俏的男生是艾莉森二十三歲的兒子梅森。她上一次見到他的時候，他才十二歲。其他都是梅森的朋友。他們不想打擾這些家長，於是只打了個招呼，然後說他們會待在地下室。

大人們移到了客廳。話題轉到了度假，一個無意義的消遣，因為凱蒂現在付不起。她一直瞄向前門，著急著怎麼逃離。這時，她瞥見梅森跟兩個朋友走進廚房。

凱蒂清清喉嚨，禮貌地笑一笑。她把手上的濃縮咖啡放下來，站起來，走到門邊還不到一半，就被男主人發現了。這男主人過去一定很英俊或很性感，但是現在不是了。

「凱蒂，」他嚴厲地問，語氣毫無必要地充滿了男性權威，她以前從來沒聽過他這樣講話，彷彿她現在是單身了，他就可以管她。「妳要去哪裡？」

「洗手間。」凱蒂說。

她往浴室的方向走，但是走到浴室門口後她繼續往前走，因為她發現她可以繼續走到廚房，客廳裡沒有人可以阻止她。

她走進廚房。

「嗨！」梅森說。

「抱歉，」凱蒂說，「我只是想喝點水。」

最帥的那個小男孩——高個子，一頭飄逸的深色頭髮——禮貌地對她微笑，然後直直看著她的眼睛，說：「我來幫妳。」

他打開冰箱，取出一瓶瓶裝水，遞給她。

凱蒂猶豫了。「其實我想要一杯龍舌蘭。」

一片沉默，接著三個男生都笑起來，彷彿真的覺得她很有幽默感。

梅森說：「妳是我媽的朋友中唯一一個有幽默感的。」

突然間，凱蒂開始感覺好多了。

不然她怎們會同意跟他們一起去地下室呢？

然後她就真的下樓了，來到年輕人用來聚會的地下室，就跟她青少年時期一樣。

這些孩子當然早已不是青少年了。他們是年輕的成年人。而且地下室裡不是擺著張舊沙發加上桌球桌。這地下室有三百平方公尺，擺著桌球桌，還有電影間和吧台，裡面有音樂跟啤酒。另外兩個女生也來了。凱蒂認識她們的媽媽，其中一個遞給凱蒂一瓶啤酒。

凱蒂拿了啤酒，走去跟梅森和他朋友交談。他們正在吸什麼東西，凱蒂問起，他們說是電子菸。他們邀請她一起吸時，她覺得自己應該回到樓上，然後想像那畫面：一群一成不變的中年臉孔，她已經看了一輩子。於是她接下電子菸。

梅森的朋友繼續跟她講話。他還碰了她的前臂好幾次，但是她確定他一定是不小心的，是她自己誤解了。她提醒自己該上樓了，「我該走了。」她含糊地說，一邊尋找梅森的身影。「我還得跟梅森道別。」

她本來真會走的，但是梅森的朋友說服她再打一場桌球，之後又吸一回電子菸。然後，不知為何，從桌球桌到樓梯邊那段漫長路上的某時，那男生嘗試吻她。

其實他真的吻了她。他的雙手突然捧著她的臉，雙唇感覺起來豐滿年輕，而他真的在跟她擁吻，而她也擁吻回去！

但是接著她突然想起自己身在何處，想起自己在幹什麼。如果被人發現了，怎麼跟艾莉森解釋都沒用，而且後果不堪設想。

她把那男生推開。他看來有些失望，但還是讓她走了。她快速上樓，走進浴室，整理一下頭髮，檢查一下手錶。已經過了半小時！一定有人注意到她消失了。

但是溜回客廳時，她很快就發現根本沒人注意到她不見了。他們在討論華盛頓特區最近的政治違法事件，討論得太投入了。

這時，凱蒂不停在腦中回想剛剛的小鮮肉進攻。那一吻使她開始懷疑自己是否只真喜歡年紀更大的男人。

到底怎麼搞的。

凱蒂起身準備離開，就在此時，那群年輕人神奇地從地下室上來了。原來他們也要走。

其實，原來他們只是需要凱蒂載他們一程，去一家夜店。

如果沒有過小鮮肉的經驗，這就是問題所在：如果凱蒂跟那小鮮肉繼續撩下去，最後卻發現他只是想利用她載他一程，你能想像後果會如何嗎？

艾莉森一定會大發雷霆。凱蒂的社交生活也一定會受到波及。

我們每個人都可以從凱蒂的經驗學到幾條教訓。

如果一個女人符合下列條件，就很容易遭到小鮮肉的突擊：一、最近剛離婚或剛分手；二、過去幾年很少受到男性的注意；或者三、做了某件她通常不做或很久沒做的事，比如說吸電子菸。

凱蒂的進攻者最後沒得逞，不過不是每一回的小鮮肉進攻最後都會功虧一簣。其實，如果你還不知道，小鮮肉進攻還常常涉及到性愛，或者至少性愛的可能性。再說一次，在這個嶄新的約會競技場內，還是有些教訓要學的。小鮮肉年輕積極，並不表示這就是個好主意。

小心羅密歐

看看媞爾達·提亞一次在南漢普頓某間夜店參加派對時發生了什麼事。派對上有一大堆年輕人，她認識了其中一個，個子高大、非常帥氣，而且大概也很富有。小鮮肉進攻時，她也順勢投降。一切本來應該一下就結束了，但是那小鮮肉卻是個極度浪漫的小男孩，只有二十幾歲的年輕人才展現得出那種浪漫。他堅持說自己瘋狂愛上她了，開始每天發十五條訊息給她，想知道她在幹嘛，跟誰在一起。然後他還嘗試在她的臥室裡留下一箱自己的衣物，並且邀請她去見他的父母。

他安排好星期天大家一起吃午餐。在一個媞爾達．提亞很熟悉的地址，因為她以前去那裡吃過很多次午餐了——**說得精確第一點，就是二十五年前，當時她跟小鮮肉的父母是朋友，而小鮮肉還沒出生**。

不，這種事絕不能發生。即使現在已經沒見到這對朋友了，她絕不能跟朋友的兒子約會。她傳訊息給小鮮肉：**我現在就要跟你分手**。

不幸地，這小鮮肉是個羅密歐，所以這個想把他趕走的做法只使他愛得更瘋狂。他跑去媞爾達．提亞家，要求她再給他一次機會。他們大吵一架，最後她只能把門鎖上，把他的手機從二樓窗戶丟出去，才把他趕走。

所以囉，這小鮮肉差一點把媞爾達．提亞變成一個她從來都不是的人：也就是比《比佛利嬌妻》中任何一個角色都更瘋狂的女子。

瑪莉蓮就是這樣。她已經習慣了週六晚上自己在家看Netflix，沉迷於顯然比自己的生活還要有趣的情節。但是偏偏這時幾個朋友從邁阿密來小村拜訪她，一群人自然而然晚上會想出門逛逛。這表示瑪莉蓮不得不也跟著一起出門。

這可糟糕了。習慣了自由單身生活的她，已經三天沒洗澡，一整週沒洗頭髮。而且至少一年沒買新衣服了。

但是她還是得努力配合。

來自邁阿密的友人想去小村裡所有的熱門夜店。一開始瑪莉蓮只覺得無聊透頂、格格不入，而且還有些不自在。但是接著她朋友開始喝龍舌蘭，她也跟著喝；然後他們開始玩飛鏢。之後瑪莉蓮回到吧台繼續喝酒，不知不覺就跟吧台員聊起來。

吧台員麥可還不到二十五歲，但是閒聊中他們發現他跟瑪莉蓮來自澳洲同一個城市。接著他問她想不想從後門出去。

根本沒人注意到她，於是瑪莉蓮心想：為什麼不呢？

然後那澳洲小男孩便在後門外的垃圾桶邊吻她。

回到酒吧裡，他免費請她喝一杯龍舌蘭。然後他問她想不想去他家吸大麻。這時候，瑪莉蓮已經醉到覺得這是個不錯的主意。

但小鮮肉的「家」原來是個破舊不堪的 Airstream 拖車。

瑪莉蓮竭盡所能讚賞那修補過的亞麻地板，還是七〇年代的過時樣式。內建的塑膠長凳之間有張桌子，擺滿了年輕男人雜七雜八的用品：一支水煙斗、一組音響、一盆仙人掌、各種小罐頭、骯髒的咖啡杯。麥可坐下來，開始捲大麻的菸捲，也就是將兩張紙黏在一起，然後熟練地捲成一個圓錐體，把一小撮菸草跟大麻鏟進去。

「妳覺得我的小窩怎麼樣？」他問，「酷吧？」

「真的很酷。」瑪莉蓮說，一邊心想如果她跟他約會，是不是也得開始使用「小窩」這樣的字眼。「你睡哪裡？」

「那裡。」麥可說，一邊指向靠在牆邊一張骯髒的床墊。他舔舔手上的紙，然後把尖端捲起來時，瑪莉蓮領悟到她不能留在這裡。她不能在破舊不堪的七〇年代 Airstream 拖車裡一張連個床單都沒鋪的床墊上跟男人做愛。

瑪莉蓮表明態度。

但是麥可聽了並不高興。「為什麼？」他問，「因為妳不喜歡我嗎？」

「我覺得你真的很棒。可是」——她停下來，然後打出王牌——「我已經老到可以當你媽了。」

「妳比我媽還要老。」麥可說。

聽了這句話，瑪莉蓮頭也不回就走了，心裡很感激在做出任何會讓自己後悔的事之前，就安然離開了。

小心騙子！

如果你想搞上小鮮肉，一定要聰明行事。因為你更年長也更明智，你知道小鮮肉有時候會做出很愚蠢的事。

而有時候，你還會成為愚蠢小鮮肉的受害者。甚至還更慘：成為騙子的受害者。

米雅就遇到這種事。

米雅的先生布萊恩是避險基金的超級富翁，米雅是他第三任老婆。她五十歲生日時，布萊恩為她在一個巨大的帳棚下舉辦了一場盛大的派對，有粉紅色的燈光與舞池，還有知名歌星表演。然後他送給她一條鑽石項鍊，說若沒有她，他不會成為今天的布萊恩。

一個月後，他去賭城，認識了一個二十一歲的舞蹈家，然後「愛上了」對方。兩個月後，他把舞蹈家安置在上東區一間公寓裡，離他跟米雅的家不遠。四個月後，他的新歡就懷孕了。

米雅跟布萊恩簽訂過一份滴水不漏的婚前協議：如果兩人離婚，米雅會得到三千萬美元，加上漢普頓的房子，還有所有的珠寶，這些珠寶估計至少價值五百萬美元。

布萊恩在金融界很出名，而且因為這一舉在熟人眼中實在太離譜，這場離婚最後終於成為八卦新聞，連離婚協議的細節也被揭露。

米雅逃到漢普頓的房子。兩個姊妹跟一群好友接連跑來支持她。幾星期來她們來了又走，但是接著一切便平靜下來，米雅也獨自一人。

不過也不算是真的獨自一人。米雅的房子設備太豪華——溫水游泳池、大花園，加上一座網球場——所以總是有人在。

一天下午，米雅躺在泳池邊，這時她姊姊打電話來了。剛往常一樣，談話的內容不外又是布萊恩，說他有多惡劣，還有米雅早就該知道會發生這種事。這時候，兩名男子來為房子檢查空調。

講完電話後，米雅發現其中一名男子站在不遠處。他是個異常俊俏的小男孩，有著明亮的雙眼與誘人的雙唇。米雅頓時覺得這小男孩太年輕、太可愛，修理空調太可惜了。

「我們檢查完了。」他說。

「太好了。」米雅對他露出一個禮貌的微笑。

但是那小男孩沒轉身走開，站在那猶豫不決，像是還想問她什麼。

「還有什麼事嗎？」米雅問。

他突然伸出手，說：「我叫傑斯。」

「米雅。」米雅說，同時注意到他的手掌感覺起來柔軟而友善。

他微笑起來，米雅覺得那微笑表示他知道自己長得帥，而且知道自己的長相可以為自己贏得不少特權。「我剛剛不小心聽到妳講電話。妳的先生是——」他充滿崇敬地說出布萊恩的名字。

米雅全身僵住。聽這小夥子說出布萊恩的名字簡直像被摑了一巴掌。她對布萊恩以及所有認識布萊恩的人——包括這小夥子——所懷有的怒火連同疑心又重新燃起。這小夥子到底為什麼要談起布萊恩？他認識布萊恩嗎？難不成布萊恩派這小夥子來監視她？

「沒錯，」她冷冰冰地說，「你為什麼要問？」

「我只是想告訴妳，他是我的偶像。」

一開始，這句話實在沒道理。布萊恩是某人的偶像？怎麼可能？但是其實很有可能，米雅心想，總是有不明就理的小孩願意崇拜超級富翁。

米雅爆發了。「我老公是個混帳東西。」她厲聲說。

說完她就後悔了，因為那小男孩傑斯開始不停地道歉。

結果換米雅難受了。傑斯又年輕又膽怯，米雅至少花了十分鐘安慰他說沒關係，她很好，而且她沒在生他的氣，他也不會因此丟了工作。

最後他走了，從側門離開，這側門在一道樹籬後面，很難馬上看到誰進來或誰出去。

米雅回到廚房，碰到住在家裡的兩個管家其中之一，正要出門去店裡買東西。兩人簡短討論了一下空調的狀況，這使米雅又想起跟那小夥子談到布萊恩的對話。她為自己倒酒時，發現自己的手正憤怒地發抖。

「米雅？」

米雅轉身看到傑斯不只回來了，而且還站在廚房裡時，手中的酒杯差點落地。

「對不起，我忘了東西。妳還好嗎？」他問。

「你覺得我看起來還好嗎？」米雅說，瞪著他喝了一大口酒，期望酒精能夠使自己平靜下來，但是沒有。而且，傑斯走近一步問她布萊恩對她做了什麼時，已經把同樣的故事跟朋友講過一遍又一遍的米雅，把整個慘痛的故事都告訴他，連私密的細節也不漏掉。

管家買完東西回來時，傑斯才終於離開，並說他或別人幾天之後會再來檢查空調的運作是否正常。

那些日子，米雅的生活就是喝粉紅酒跟講電話。有時候，到了傍晚六點她就已喝完一整瓶，這時她會頭痛欲裂，然後昏睡好幾個小時。幾天後的下午傑斯回來檢查空調時，米雅也已經喝了將近一瓶酒。

她有點酒醉，也有點惱火。她跟著傑斯走到屋外側邊那龐大的空調邊，就在一排柏樹之後。她問他為什麼布萊恩是他的偶像，他解釋說布萊恩資助他學校的獎學金基金，鼓勵像他這樣的小孩進入商界。

而他真的進入了商界，同時在南漢普頓大學就讀。如果沒在上班或上課，他就在衝浪。他跟米雅說，她應該去學衝浪，米雅聽了笑起來，說會考慮看看。這時米雅又發現自己在發抖，但這次不是因為憤怒，而是出於一股突如其來對傑斯的渴望。

兩大之後，米雅在酒品專賣店買了一箱粉紅酒，結果在停車場遇到傑斯。他問米雅是不是要開派對，她說不是，只是有幾個朋友要來，而這些朋友喜歡喝酒。

基於禮貌——米雅是如此告訴自己的——她邀請傑斯有空到她家跟她喝杯酒。

而也許也是基於禮貌，他把她的電話號碼存進手機。

隔天傍晚七點左右，米雅正躺在床上看 Bravo 的真人秀，結果手機響了。

一條訊息：**嗨，我是傑斯**。

米雅的心情立刻飛揚起來。**嗨，傑斯**，她回覆。

妳在嗎？想見面嗎？

當然，米雅寫道，一點都不在意自己根本懶得裝害羞。

傑斯也懶得裝害羞。一杯酒還沒喝完，他就用雙手捧著米雅的臉，開始吻她。米雅本來以為自己會抗拒，但是卻吃驚地發現自己立刻慾火焚身——她根本不知道自己還能體驗這種感受。

擁吻一小會兒後，傑斯牽起她的手，帶她走到樓上一間客房。他脫去衣物，於是米雅也脫去衣物。然後他走進浴室，轉開淋浴間的水，示意要她過來。

他靠過來——他比她至少高個二十公分，感覺起來很棒，因為布萊恩比她矮五公分——然後兩人又開始擁吻，同時為彼此抹肥皂。這也是米雅很久沒做的一件事了。接著他用毛巾把她包起來，然後又把她轉出毛巾，最後把毛巾放在床上。

他又靠過來吻她，直到她躺在他下面。

接著一切就像在A片裡一樣。他舔拭她的陰部，舌頭無所不在，然後把她轉成69的姿勢。他的陰莖又短又胖，但是她還沒用嘴，他就往後躺去拿保險套。他把保險套捲上，把她拉向自己，讓她坐在他上面。她用陰部去摩擦他的陰莖頂端，尋找那神奇的開口，好讓他毫不費力地滑進。他把臀部一頂，然後就進去了，米雅開始前後晃動，感覺他在裡面，感覺到——這麼久以來第一次——無比自信。彷彿她是某種專家。彷彿她真的可能在A片裡。

盡情地騎吧，女牛仔，她心想。

然後就在她快達到但是還沒達到高潮時，他達到高潮了。她跟他說沒關係，下一次她就會達到高潮了。

十分鐘後他離開了。米雅累到根本沒注意，或者是根本不在意。

兩個星期過去了，然後第三個星期也過去了。三個星期內，米雅沒再見到傑斯，也沒再收到傑斯的訊息。起初她還很生氣，但是接著那情緒就淡去了。她告訴自己，本來就不該感到吃驚，男人就是這麼賤，而傑斯不就是男人嗎？

她又開始喝粉紅酒，粉紅酒沒讓她失望，於是她放縱地狂喝。

一條稀有的訊息將她從爛醉如泥的狀態喚醒。

嗨，想見面嗎？

傑斯！她簡直都忘了傑斯。然後再一次，她無法相信自己收到他的訊息有多興奮。她回問：什麼時候？

他立刻回覆：**我跟朋友在一起。我們二十分鐘後到。**

傑斯的朋友德魯有些陰陽怪氣，但是為了見到傑斯，米雅竭盡所能不理會他。她馬上就喝醉了。三人全都醉了。然後德魯走了，她便跟傑斯上樓去。「我不想做這件事，」傑斯說，「妳喝得太醉了。」

米雅不想聽到這種話。「我沒喝醉，來吧！」她說，為自己聲音中的絕望感到吃驚。

傑斯沒有遲疑多久。他脫掉褲子，米雅開始用手撫摸他的陰莖，再次感覺到只有年輕人才能展現出的超級硬挺。但是這一回的性愛結束得實在太快，米雅還沒能挽留他，他就走了。她抓起一瓶酒，回到床上。然後再一次，一下又到了早上六點鐘，她頭痛欲裂。她喝了幾大口水，又吞下半顆安眠藥。

一個星期後，下午兩點鐘，傑斯跟德魯又來了。米雅根本無意假裝，馬上就開了一瓶酒，為兩人各倒一杯。三人在餐桌邊坐下。

「聽好，米雅，」德魯說，「我們有個問題。」

「真的？」米雅沒想到會聽到這句話。她覺得自己跟這兩人都沒熟識到有可能出現「問題」的程度。

「傑斯跟我說了。」德魯說。

「什麼？」米雅一臉疑惑地看著傑斯。

「他未成年。」德魯說。

「什麼？」米雅直接的反應是把酒藏起來。如果傑斯未成年，就不該喝酒。她一臉愧疚地看著他面前的酒杯。「你怎麼沒跟我說？」

「妳沒問。」傑斯說。

於是米雅要他拿出證據。德魯則說傑斯把駕照留在家裡了。米雅問傑斯他怎麼可以對她做出這種事，傑斯只是一臉恐懼，不敢說話。

德魯說出他們的意圖。他跟傑斯決定勒索她，米雅至少要給他們十萬美元。他們知道米雅有多富有，他們早在報紙上讀到她的離婚協議了。現在她跟未成年的傑斯上過床，如果不付錢，她就會被警方拘捕。

接下來三天，米雅處於恐慌的狀態。她怎麼會遇到這種事？她想跟哪個人談一談，但是跟誰？她的朋友不會理解的。而且可能反而會大感震驚，然後說這證明了他們一直以來暗中懷疑的真相——也就是米雅是個壞女人，罪有應得。

但是到時這也不重要了，因為她反正都進監獄了。她的照片會狂現在各種媒體上。然後她這輩子就完了。

幾天後，傑斯的老闆來了。他的老闆人很友善，就住在幾個小鎮外，結婚了，小孩都已長大，但仍住在漢普頓。他很健談，然後也許因為米雅沒人可以談，沒多久她就告訴他傑斯的事情。

老闆火了。他認識傑斯很久了。傑斯以前跟他女兒是高中同學。傑斯說他在上大學，這是實話。但是他二十歲了，不是十七歲。

幾天後，傑斯過來跟米雅道歉。他說那不是他的主意，而是德魯的。他跟德魯誇耀說自己跟偶像的前妻上床有多酷，然後德魯就開玩笑地提出這個計畫，傑斯以為他在開玩笑，但是德魯真的腦筋有問題，以後他絕對不會再跟德魯說話。

口。

米雅原諒他了。一部分是因為她心腸好，一部分也因為她實在受不了再聽傑斯那些爛藉口。

米雅最後還是跟朋友講了這個故事，大家聽了大笑一番。最後，米雅就像大多數的中年女子一樣，這回小鮮肉歷險只會成為接下來幾年將遇到更多奇異不解的經歷之一。其他的中年女子則讓小鮮肉經歷發展到下一階段。

小鮮肉俱樂部

這時候，一開始只假定是一夜情或兩夜情的小鮮肉，開始跟熟女固定見面，開始在熟女家過夜，還很有可能搬進來。

他就在這，突然住在妳家裡。

於是妳會有幾點疑問：

該怎麼跟朋友介紹妳的小鮮肉？妳怎麼解釋為什麼一個月後他就跟妳住在一起？如果妳朋友不喜歡他怎麼辦？或者更慘的是，如果他們對他完全視若無睹怎麼辦？

賽希跟我就遇到這種狀況。

六月才進入第二週，詹姆斯就出現了。

他不安地坐在凱蒂的餐桌一角，被我們一群女人團團圍繞——賽希、媞爾達・提亞、瑪莉蓮、昆妮、我，還有昆妮十幾歲的女兒。

我當時猜想他是昆妮女兒的朋友，也沒多想，因為大家全在高聲說笑，而在這種狀況下，也就是唯一的男性被一群女性包圍時，詹姆斯很自然地就消失到背景後了。

所以兩天後我去賽希家，看到詹姆斯還在那時，想像一下我有多吃驚。

當時正是中午，賽希看起來有點困窘，但是她很快就解釋：「詹姆斯在幫我設定我的新手機。」

我點頭。後來我才學到，提供不可或缺的協助——比如說設定 **iPhone**、說明怎麼連接音樂，甚至是去幫忙買酒買吃的——都是小鮮肉用來想辦法住進熟女家的招數。

但是當時我沒想到這一點。其實我一直沒多想，直到賽希在家烤肉邀請我們去，然後詹姆斯又在那。他帶了肉來，但還是說不過去。

詹姆斯開始令我有些反感。難不成我們每次聚會他都要來？為什麼？他比我們至少年輕個二十、二十五歲，一群中年女子自己聚會有什麼這麼有樂趣讓他想跟我們在一起？

隔天，媞爾達・提亞跟我出去騎單車。我立刻問她對詹姆斯又有何了解？

媞爾達・提亞聳聳肩。「他是不動產經紀人。」

「他已經大到可以工作了？」

「他快三十歲了。他四個月前跟女朋友分手了，所以我猜他有點無聊吧？」

我沒問他的前女友幾歲。我只問賽希跟他是怎麼認識的。我其實可以自己問賽希，但是這不尋常的狀況使我問不出口。

媞爾達·提亞含糊其辭。她只提到某天晚上在某家夜店，當時她自己也還在找小鮮肉。現在媞爾達·提亞不找小鮮肉了，開始用Tinder。

又過了一個月。每次我在哪個派對上遇到賽希，看到詹姆斯還跟著，我就又吃驚又反感。他會幫她拿飲料，而且似乎跟我們所有的朋友都處得來。我起疑了。但是每次我問起，大家都會說他們「很喜歡」詹姆斯，他樂意幫忙，而且樂意擔任司機。

然後有人不經意說起他住在賽希家，不過只是暫時。他本來在某棟房子裡有個房間，但是只為期一個月，於是他跟他的福斯金龜車目前都暫時住在賽希家。

這又是典型的小鮮肉伎倆：沒住處了，然後突然搬進來。

就跟詹姆斯一樣，有些小鮮肉跟妳初識時，總是會說自己有地方住，這個「住的地方」有些含糊——其實應該說是「借住的地方」。接著這地方會神祕地消失無蹤，使小鮮肉無家可歸。

這時如果不住妳家，還可以去哪裡？

小鮮肉這時會保證——而且警告——說這只是暫時的。小鮮肉知道收養他們的女人無意追求永恆的愛情。永恆太快了。永恆太殘忍、太可怕。尤其是你根本不知道三個月後自己會在哪。

也許這就是為什麼賽希決定保密。

儘管我深深懷疑賽希跟詹姆斯是一對，但我無法真的確定。沒有密告、沒有謠言。沒有偷瞄、沒有牽手。沒有走廊上的低語。

我跟賽希在外面的露台聊天時，詹姆斯通常會在屋裡上網。經過他時，我們會打個招呼。而賽希跟詹姆斯說話時，似乎都是在安排日程。難不成他是某種助理？

某天，我決定不跟媞爾達．提亞出去騎車，然後上午既然已開車出去寄信了，我決定去拜訪賽希。

車子都在，於是我進屋。屋裡沒人。我走進賽希的房間，想確定一下。床上一團亂，兩邊的枕頭都有人睡過，地板上躺著一個撕開的保險套包裝。

我是唯一一個不知情的人嗎？

「妳為什麼沒跟我說？」當天稍後我問媞爾達．提亞。

「跟妳說什麼？」她問。一如既往，她的心思全在 Tinder 跟下一個約會對象上。

「說賽希跟詹姆斯不只是朋友。說他們還**上床**。」我厲聲地說，彷彿宗教電影裡的卻爾登希斯頓。

「那又怎麼樣？」

「她從來沒跟我說他們在一起。」

「她也沒跟我說。」媞爾達．提亞說，「如果她沒跟我們說，就表示她不想讓我們知道。」

「好吧，我們就裝做什麼都不知道。」我說。不過我還是決定自己去問賽希。

「妳跟詹姆斯是不是……？」我簡直問不出口。

「妳覺得我會落到跟個比我小二十五歲的男人在一起的下場嗎？拜託！」賽希說。然後夏末時，賽希悄悄地把小鮮肉趕出門了。

也許為了掩飾她的小鮮肉經歷，她跟詹姆斯仍是朋友。詹姆斯不久就會來訪，而且帶他的新女友一起來。賽希等不及想認識她了。我們也是。

我們對熟女嫩男關係不了解的地方還很多。其實我們根本什麼都不知道，尤其是因為這類關係還不夠多，還不足以歸結出任何有意義的結論。

不過這種關係未來可能會越來越多。至少根據網路上的說法是如此，畢竟網路上充斥了探索熟女嫩男關係的網頁。當然啦，有些熟女嫩男情侶看起來都像模特兒一樣年輕，但是大多時候都只是如梅根如此平凡的女子。四十二歲的她擁有自己的影片部落格，她將這種熟女嫩男的戀情關係如此總結：「女士們，妳們試過了熟男嫩女的關係，沒那麼容易吧——是吧？」

小鮮肉的未來充滿未知數。

第五章
美的代價

「妳的公寓在哪裡？」人們常問我。「上東區。」我會答，然後對方就會翻個白眼。上東區不夠酷，日落後這裡就一片死寂、百無聊賴，而且有太多閒晃的人、太多年老的人，所以根本沒有有趣的人住在這裡。但是另一方面，因為時髦的人不想住在這一區，所以這裡的公寓從紐約市的標準看來，相對就便宜多了。

但不幸地是，公寓是這一帶唯一便宜的商品。

決定出去散散步的第二個早晨，我就發現這一點了。還沒走到下一個交叉路口，我經過一個展示眼鏡的櫥窗，突然想起自己需要一副新眼鏡，便走進去。

這小店裡裝潢著結實的實木牆板，櫃子上擺設著雪茄盒，看起來更像個紳士俱樂部，剛好又有賣眼鏡。一個衣冠楚楚的年輕男子走過來，問我是不是想看什麼。我指向一副玳瑁鏡框。我取下自己的眼鏡，戴上那副沒鏡片的鏡框。但是我根本不知道自己看起來是什麼樣，因為沒戴眼鏡我就像瞎了一樣，就如同《蒼蠅王》裡的佩格。

「不知道。」我說，「這副鏡框多少？」

「**三千美元**。」他不以為意地說，彷彿全世界的鏡框都是這等價格。

三千美元？我沒聽錯吧？

「然後還要加上鏡片的價錢。一邊一千美元。」

換句話說，整副眼鏡要五千美元。

「太好了。」我邊說邊露出一個大微笑，退到門邊走出去。

我覺得渾身不自在。我不屬於這一區，而這一區每個人都知道。

我稱呼它麥迪遜世界。介於第五大道與公園大道之間的麥迪遜大道是阿拉丁的金銀寶穴，充滿珠寶鑽石與鑲鑽手錶、鱷魚皮鞋與手工繡上水晶的服飾。在麥迪遜世界，女人穿著非凡時髦的服飾走在街上，彷彿這是世界上最光鮮亮麗的伸展台。

他們全知道我不屬於這裡。從我皺巴巴、但是實用又舒適的棉長褲他們就可以看出來，從我好幾週沒用吹風機吹整過的頭髮也可以看出來。但是最主要的是，他們可以從我腳上的鞋子看出來——哈瓦仕人字拖。

我得重新學會如何穿衣打扮。

麥迪遜世界的標籤驚魂

你可能會想，我大概會選最簡單的做法，也就是走進麥迪遜大道哪家店，然後買幾件衣服。但是在麥迪遜世界，購物不是這個樣子。購物是個複雜的程序。購物過程中你會跟其他人進行很多的互動，而這些人會決定要不要把商品賣給你，無論你是不是付得起，無論你該不該被人看到穿著這樣的服飾。在麥迪遜世界購物就如同想辦法把你家小孩送入名貴的私立學校一樣。

而且，申請私立學校的過程可能還更愉快，因為你不需要在陌生人面前更衣。

首先你得找到衣服來試穿。這可沒那麼簡單。昂貴的衣服通常會用鏈子綁在架子上，如同度假農場上的駄馬一樣。這倒不是為了防竊，因為你想要偷也偷不了，畢竟這類「衣服」通常都是精緻複雜的物品，你用普通的購物袋根本藏不了。這衣服用鏈子綁住，是為了嚴厲地提醒你，你根本不該自己去動這些衣物。你需要度假農場馬夫的協助，才有可能把這衣服帶去試衣間。

如果你到現在還沒開始稍微感到害怕，看到更衣室時你大概就會了。試衣間的裝潢恐怕比你公寓的裝潢還昂貴。裡面可能有一、兩張沙發，而且絕對有幾個靠枕。真的很有錢的人，可能還會想在這裡辦個午茶派對。

而在麥迪遜世界購物最棒的一部分：你可以喝酒。大多數的商店都會提供氣泡酒，而且不同於餐廳裡高到離譜的價格，麥迪遜世界裡的氣泡酒是免費的！

你通常會想喝點氣泡酒，增加酒膽。除了沙發外，試衣間裡很可能還會有一個小舞台，就設在一面大型的三面穿衣鏡前。也許你受得了自己的目光，但是你受得了全體店員的目光嗎？因為你在更衣時，一定會有人來敲門問：「您還好嗎？」

這馬夫真正的意思是：我們的衣服還好嗎？

但是你的苦難還沒結束。如果你真的「找到什麼」想帶回家，得先買下它。在全世界其他各處，只要按個鍵就夠了了。但是在麥迪遜世界不一樣。

基於某種不可思議的理由，收銀刷卡至少要花上十五分鐘。等待的期間，筋疲力竭的你可能會癱在一座多人沙發上——或者稱為「昏厥沙發」——旁邊就是通往商店後的入口，而店員就在那後面完成那神祕耗時的交易手續。

然後你得付帳，最後的價格總是比你懼怕的還要多。走進麥迪遜世界的商店就如同走進賭場，你永遠不知道自己最後會失去多少錢。

但是在這些閃閃發光的珠寶、精緻的皮件與鑲著珠母貝的雙陸棋背後，藏著一個醜惡的祕密：麥迪遜世界的商店都快破產了。

我老是聽到這句話，從到街上稍作休息的店員到義大利酒吧的吧台員，都這麼說。

不過也許這消息也不算壞事。如果這些店要破產了，一定會來個清倉大拍賣吧。這不是商業的第一條規則嗎？如果哪個東西賣不出去，**可能是因為太貴了**。

我決定先去 **Ralph Lauren**，這牌子通常會有不錯的特價折扣。一年前，我就買到一件很高檔的騎士皮外套，而且是用狠狠打八折的價錢買到的！我去哪都穿它，走進 **Ralph Lauren** 店裡時，剛好也穿著。

外頭的世界也許正二十四小時不停地報導災難新聞，但是走進這店裡，就猶如踏進另外一個時空，一切美好祥和。空氣中有淡淡的糖果味，店裡播放著某種時髦的音樂——熟悉而動感的旋律使我覺得自己年輕了好幾歲，覺得自己還大有前程。你就好像在一顆雞蛋裡。

但是這感覺沒維持多久。

我立刻被一群店員團團圍住，他們一眼就認出我身上的皮外套。

「我還記得這件皮外套，是上一季的。我好愛這外套。」

「您看過這一季的款式了嗎？」

「呃，還沒。但是一個女人需要多少件皮外套？」我說，這時店員已從架子上取下這一季的皮外套，像個新生嬰兒般展示在我眼前。基於禮貌，我審視那件卯釘皮外套，然後瞥見標籤上的價格。五千美元。難怪他們全湧上來。他們怎麼可能知道我根本買不起五千美元的皮外套？怎麼可能知道我身上這件當時可是狠狠打了八折？

我望向門口，想逃跑，但是店員擋住我的路。說這些店快破產的謠言一定是真的，這表示這些店員恐怕會狗急跳牆。

問題就是有多急？如果他們發現我是個「假」顧客，會怎麼辦？我腦中浮現出電影《天外魔花》的畫面。

我想溜到二樓，但是兩名店員跟著我。「您想看什麼特別的東西嗎？」

我的眼光立刻被店裡最閃亮最耀眼的商品所吸引——一件華麗的薄紗晚禮服。我匆匆走過去，暗中希望可以躲在那龐大的裙襬後面。

沒機會。

「我可以幫上忙嗎？」店員問。

「只是想看看價錢。」我喃喃道。

「什麼？」

「這件晚禮服多少錢？」

店員走過去，把標籤翻過來。

我摒住氣息，在心裡快速計算了一下。二十年前，這件晚禮服大概三千五百美元。考慮到二十年來的「通貨膨脹」，現在大概五千美元。但是還要加上「富人稅」。

所謂的「富人稅」就是你身為有錢人要付出的代價。如果有一件事是大多數人對有錢人有所不知的，那就是有錢人最愛做的就是顯得比其他有錢人更富有。這就是為什麼有錢人越富有，就越需要買更昂貴的東西，好證明他們是超級富人俱樂部的一員——於是遊艇、漢普頓的房子、衣服也跟著漲價。

所以囉，再加上富人稅，我猜這件晚禮服大概八千美元。

錯了。「兩萬美元。」店員說。

我倒吸一口氣。這表示光富人稅就有一萬兩千美元。所以有錢人中的有錢人才買得起這件晚禮服。也就是百分之零點零零一的人口。

「兩萬美元！」我驚叫。「都可以買一輛小汽車了！誰買得起啊？」

店員環顧一周，確定沒人可聽到我們講話。「跟妳講妳會大吃一驚。」

「誰？」

「我不能說。」她悄悄說。「嘿，妳想試穿看看嗎？」

我搖頭。

「不想。因為我根本買不起。而且也沒機會穿。」

「誰知道，說不定喔。」

好啦，這就是永恆希望的咒語。買下來，帶回家。也許這一次它的魅力會真的有效，也許這一次它真的會改變你的一生。

櫥窗裡的那雙鞋

好幾星期以來，我總是穿著同一雙漆皮高跟鞋。這雙鞋雖然使我痛得舉步維艱，但沒有其他的鞋那麼痛。穿著它我還可以走上兩小時，才會痛到覺得白眼都快翻到後腦勺了。

「沒辦法，」我最後終於說，「我一步也走不了了。」該買一雙新鞋子了。我沒那麼多錢可揮霍，所以得把買鞋視為一種投資。這表示新鞋必須能夠靈活搭配、一鞋多穿，可以從白天穿到晚上，從長褲搭配到晚禮服。並且，合腳，而且穿上後**可以走路**。

我覺得我知道什麼樣的鞋符合這些條件。黑色的麂皮厚底鞋，配上手縫蕾絲，最上面有個玫瑰花結。除了玫瑰花結，整雙鞋感覺起來很結實，幾乎像軍鞋一樣。

但是身在麥迪遜世界，我不能就這樣走進店裡，試穿，然後買下。就跟 Ralph Lauren 一樣，整個購物程序是有一定規定的。如果你已經穿著一雙昂貴的鞋走進店裡，鞋店店員通常都更友善，畢竟如果你已經擁有一雙昂貴的鞋，想必還能夠買上很多很多雙。於是我找出一雙設計師平底靴，是我在離開紐約市之前買的。這雙鞋其實不是我喜歡穿的類型，但是我還記得當時買下它們時，自己對人生感到一片迷惘。剛離婚，不知道該如何繼續。當時的店員是位年輕男子，有著一頭漂亮的捲髮跟小狗般興奮的雙眼。他提到妮可基曼曾在某個廣告上穿過同樣的靴子，然後指向牆上一張海報作為證明。

海報上的妮可基曼看起來自信十足，知道自己要去哪，知道自己要做什麼。她不是一個悲傷的女人，不是一個孤單、沮喪、覺得自己失敗了的女人。她完全掌控自己的心智與命運。

我買下那雙靴子，嘗試穿著它走路。但是整個比例完全不對。它使我的腿看起來更短，使我的腳看起來更大。它又長又窄又可恨，擠得我的腳痛死了。我只穿了兩次，就放棄了。直到現在。

可想而知，這雙欠扁的鞋還是令我痛不欲生。

我愁眉苦臉、齜牙咧嘴地苦笑著走進店裡。女鞋部在店裡最後方，只要再走十五公尺，經過我根本買不起的服裝，經過四十出頭、來自矽谷、買得起這些服裝的一對有錢人，再經過顯然在猶豫該不該協助我的店員。我問：「嗯，我可以看看櫥窗裡那雙鞋嗎？」

一如既往，店員問我要看哪一雙，彷彿強迫我走回櫥窗、走回門口，我可能就會自動走出去——而有時候我就真的走出去了。

但是那雙鞋不見了。原因是這雙鞋太熱門了，另外一個女人正在試穿店裡唯一一雙八號半。

八號半是我的大小。我不知道自己臉上是什麼表情，但是店員立刻開始同情我。

「這雙鞋做得有點小。」她說，很確定店裡還有一雙九號的，應該會合我的腳。正在試穿八號半那雙鞋的女人是典型的麥迪遜世界女子。看起來四十出頭，但有可能其實更老。她一頭麥迪遜世界金髮，不會太白也不會太金，色調賞心悅目，同時又不會太招搖。髮質輕柔有彈性，不算長也不算短。換句話說，麥迪遜世界金髮是個可以隨意互換的髮型，在許多女人頭上都好看，因此往往也使她們看起來一模一樣，甚至被誤認成別的麥迪遜世界金髮女子，連自己的老公也不例外。

不管了。麥迪遜世界金髮是個鼓舞人心、人人可用、姊妹情深的顏色。能夠讓互不相識的女人立刻熟稔起來、成為朋友，因為她們確信彼此大概還有更多共同的麥迪遜世界女子特質。

如果我想融進麥迪遜世界，就得仿效這些金髮女人。這表示如果這金髮女子要買這雙鞋，那我也得買一雙。

店員從倉庫出來了，店裡只剩下一雙九號半。她說九號半一定太大了。

「我還是想試穿一下。」我說，然後丟出典型的女性論據：「你永遠不知道。」

她有些懷疑地把鞋子遞給我。

我把包裝打開，把鞋子擺在地毯上。兩腳伸進去，從座位上站起來。站起來、站起來、站起來。這雙鞋在櫥窗裡不知怎麼看起來好輕巧、好細緻，實際上卻巨大笨重，恐怕要練過皮拉提斯的腿才有肌力走過不平坦的人行道、階梯、格柵，以及穿高跟鞋時得克服的各種障礙。

我往前走一步，然後再一步。鞋子真的很漂亮，而且此刻，店裡每個人都深有同感。

「但是太大了。」店員說。

她講得有點對。我的腳跟與鞋後跟之間有三公分的空隙。

「我可以打電話給其他分店，問問看有沒有九號。」

「不用了。」我說，「這雙鞋很好，**我穿著可以走路**。」

成功買鞋在我腦中觸發了某個開關，結果我忍不住不停地購物。街角那間豪華昂貴的藥妝店關店前全店五折大拍賣時，我小小地揮霍了一番。突然間，我需要一大堆好幾年來想都沒想過的東西，比如說真皮手套、化妝刷具、半打一瓶四十美元的洗髮精。

倒數第二件奢侈品是一雙耀眼的桃紅色氯丁橡膠靴。我跟自己說買這雙靴子應該沒問題，因為它們是用跟游泳鞋一樣的材質做成的，這表示它們一定很舒服，而且比真皮便宜多了。

不過它們不是那麼實用。靴子的顏色像在大喊：「看看我！」在真實世界裡，如果你的穿著會大喊：「看看我！」那你必須是個一百八十公分高的模特兒，或者至少也要漂亮年輕。但是我不住在真實世界裡，我住在麥迪遜世界，充斥著各種時尚人士。除了麥迪遜世界貴婦與真正的模特兒之外，還有一個類型：穿著打扮在別處必會被視為怪異不妥的熟齡女子。

在麥迪遜大道上，到處可見到一身螢光色調與金光點綴的女人。她們從頭到腳穿著黑色的皮衣、嫩綠色的運動服搭配厚底運動鞋，長褲上的亮片與緞面條紋總令我想到馬戲團。還有那髮型，染成金色的頭髮混雜著亮麗的桃紅色、綠色跟藍色挑染，猶如孔雀的羽毛。這些人展現出真正的麥迪遜世界風格，而且物以類聚。我見過他們聚在路燈下抽菸，或者是坐在法國甜點名店 **Ladurée** 外綠白相間的椅子上吃粉色的馬卡龍。

但是我很確定這些女人並非來自麥迪遜世界。端莊的麥迪遜世界貴婦不會跟朋友在街角高聲大笑，也不會對著手機大吼，她們不會在公共場合展現出極端的情緒。而且最重要的，她們不抽菸，更別說在街上抽菸了。

一天，我的好奇心終於戰勝我了。我看到她們成群地站在一間店門口，於是也點燃一根菸，站在她們附近偷聽她們講話。

她們是俄國人，或者至少母語是俄語。這就有趣了。一個麥迪遜世界可靠的消息來源曾告訴我，俄國人是導致富人稅直線上升的罪魁禍首。他們有能力用全價買下店裡的衣服，因此衣服的價格也跟著上升。

所以囉，嫁給美國億萬富翁的公園大道公主現在都怒不可遏，就連她們也覺得花二萬美元買一件晚禮服太貴了。

於是現在俄國人在麥迪遜世界裡無所不在。而且不只是來買衣服的。

俄人幫的攻陷

由於沒有別的身分可選，我最終變成了老套的都會角色：提袋者。

我已經好幾年沒當提袋者了，但是我還記得那段日子，而且回想起來並不愉快。你會把所有的東西都提在身上──你的工作、你的鞋子、你的生活──就裝在麻布袋般大的手提袋裡、已經用舊的百貨公司購物袋、還有雜貨店的塑膠袋。袋子的重量使你有點駝背，你便這樣拖著袋子一路穿越骯髒的雪泥、看來有毒的淤泥、散步的人、單車快遞，上上下下已經被踩得又平又滑的電扶梯與地鐵階梯。你會把你的東西從工作場所拖到酒吧、夜店，然後拖到這些夜店的廁所，最後拖回到你微小的住所裡。你腰痠腳疼，但還是繼續拖著袋子，心裡希望有一天會有奇蹟發生，然後你就不需要再拖袋子了。

我的拖曳路線往往使我直接穿越麥迪遜世界，經過一群看來是在某間店前閒晃的俄籍年輕人。他們長得都挺好看的，而且散發出那種無憂無慮的氣息，因為他們知道自己比你酷。有時候他們會玩點音樂，但大多時候他們就是在說笑跟騷擾路過的行人。有一次我就見到他們把一個毫無戒備的女人追到街角，跟她說他們可以改善她「悲傷的眼睛」。

不時會有個肌肉發達、年紀較長、看來是「頭頭」的男子跑出來對他們大吼，叫他們專心做正事，也就是分發免費的乳霜試用包。

不用了，謝謝。

我不喜歡拿試用品，不喜歡跟陌生人交談，我一直都能成功避開這群俄國人，直到有一天，其中一個女孩子對我大聲喊：「嘿，我喜歡妳的風格。」

這使我停下腳步。

畢竟，還有誰比這群人更懂風格？他們整天都站在街上，看著時髦人士在麥迪遜世界巨大的伸展台上來來回回。

最後，我就跟這群俄國人成為點頭之交。如果我心情好，我就會走過去跟他們拿一包試用品，然後跟他們聊聊我的狗；如果我心情不好，我就會過馬路到另一邊。我看過他們請別的女人進他們店裡，但是他們從來沒問過我。我的直覺是他們覺得我不夠資格買他們的乳霜。

接著有一天，我心情特別沮喪，沮喪到根本不想過馬路。進入中年的恐怖鼓聲——從此以後一切都開始走下坡！——在我的耳中迴響。我確信此生中不會再發生任何好事，進入中年就是失去生命中所有的樂趣與歡欣，只留下我無用的存在。

而就在那天，他們逮到我的那天，我也提著特別多的袋子。

「妳好忙碌啊！」說喜歡我風格的那女孩對我喊。我跟她通常會交換幾句雋言妙語；她是最友善的一個，而且不是俄國人，其實是希臘人。

我停下腳步。不知道為什麼，我想跟她解釋。沒錯，我是很忙碌，但忙的都不是特別重要的事。

「妳得放鬆一下。」另外一個人說。他們說的沒錯。我真的需要放鬆一下。

「抽菸嗎？」看起來最高傲的瘦男子說，也許因為他看起來像個模特兒，所以才這麼高傲。他遞給我一包外國菸。

他們以前從來沒請過我抽菸，我覺得拒絕不太禮貌，於是我拿了一根，然後突然覺得他們可能是想跟我交朋友。

「嘿！」希臘女孩說，「妳工作太忙了，讓我招待妳做臉吧！」

「真的？」

「妳想消除眼袋嗎？」

當然囉。

她瞥向那個像模特兒的男子一眼，彷彿是需要他的同意「讓我進去」，彷彿他是這個祕密乳霜俱樂部的保安。

他上下打量我，揚起眉毛，好像認為我反正也沒救了，然後點點頭。

我可以進去了！

店裡的裝潢果真不賴。潔白閃亮，猶如那種光滑亮麗的百老匯舞台。點綴金光的大理石階梯上有一個小平台，若在百老匯可能就是一個真的小舞台了，但在這裡其實擺著收銀機。

我發現自己犯了一個錯誤，這地方超昂貴——昂貴到超出我的預算。「抱歉，我不能接受。」

「來吧，只要五分鐘就好了。」

我猶豫了。在麥迪遜世界裡，「五分鐘」其實是十五分鐘或二十分鐘。

「妳沒有五分鐘嗎？」她問，一臉不可置信。「沒有五分鐘為男朋友把自己弄漂亮？」

我笑出來。「我沒有男朋友。」

「做完臉後，也許就會有囉！」

她把我推到窗前一張椅子上。拿下我的眼鏡，開始輕拍我的臉，彷彿我是隻小兔子。「真漂亮，」她說，「妳為什麼這麼漂亮？」

我無法跟她爭辯，而且我立刻開始懷疑她對所有坐在這張椅子上的女人都問過這個問題。她從抽屜裡取出一個巨大的針筒，擠出一團濃稠的米白色乳液，輕拍在左眼的上下眼瞼上。

最後的結果就像那種神奇的科學伎倆——微小的恐龍在水裡漲大成十倍——只不過反過來。

眼袋跟皺紋都消失了，眼睛周圍的皮膚神奇地變得平坦光滑。

我的心情立刻好起來。如果我這麼簡單就可以把眼袋消除掉，也許我還可以把所有的皺紋都消除掉。更年輕的臉，更清新的生命。也許一切還沒結束，也許我還可以再一次享受似錦的前程。

年輕俄國男的聲音把我從白日夢中喚醒：「妳知道我們現在有特價嗎？買四百美元的乳霜，就可以免費做臉。」模特兒男子說，這時他已經走過來看結果了。

「做臉？你的意思是整張臉？」

我檢視眼睛周圍的皮膚。如果他們的產品可以使我整張臉都達到這樣的效果，那我非試不可。

於是我買了四百美元的神奇除眼袋乳霜，約好隔天三點來做臉。「妳運氣很好哦！」另一個較年長的男子說，「明天克莉絲塔會在這，負責幫妳做臉。」

「誰是克莉絲塔？」我問。

「她可以使皮膚妙手回春。」

「她太神了。」模特兒男子說。

「她是護膚界的德蕾莎修女。」

他們就這樣沒停地讚揚這個名叫克莉絲塔的俄國女子。

「反正啊，她叫妳做什麼，妳最好跟著做！」較年長的男子說。

該死。我是掉入了哪種陷阱？

無論如何，隔天早上我醒來時，決定跟他們取消。但是俄人幫顯然感覺到我想取消，因為九點鐘整，店裡那女生就打電話來。

她跟我確認做臉的時間。她跟我說我運氣很好。克莉絲塔會幫我做臉，克莉絲塔將改變我的生命。

我沒膽取消。

我本來以為做臉的過程會有點高科技、有點醫學性。但是他們只是領我走到另一個點著燈的化妝桌，然後要我在一張旋轉椅上坐下來。我一定是一臉懷疑，因為他們一直走過來跟我讚頌克莉絲塔的美德。她是個皮膚天才。較年長的男子告訴我我非常非常幸運，因為克莉絲塔現在剛好在紐約，而她很少在紐約。

「那她平常在哪？」

「世界各地。加州、瑞士、巴黎。」

「還有俄國？是吧？」我說。

他露出一個古怪的表情。

最後他們終於不再來吵我後，我把眼鏡摘下，看手機。這時克莉絲塔立刻從一個走道出來了。

她非常非常漂亮，穿著潔白的襯衫、黑色鉛筆裙與黑色高跟鞋，乳溝從襯衫的低領口露出。她有金白色的頭髮，眼睛的虹膜是淺藍色的，周圍一圈更深的藍色。她給人的感覺有些嚴厲，散發出一種意志堅決的氣息，彷彿在扮演某個角色。手裡拿著一個 **iPad** 跟一本便條簿，可以在藥妝店買到的那種。

而且她下巴上有個痘痘。她靠過來檢視我的皮膚時，我就看到了。

這痘痘使我不安起來。她沒用她自己的產品嗎？這些人有在用自己的產品嗎？不過他們可能就跟我一樣，根本買不起。他們沒有一個人的皮膚有那麼好。

我的也是。

克莉絲塔退後一步，嚴厲地看著我。「妳是什麼樣的人？」

「什麼？」

「妳是那種可以接受事實的人嗎？」

「應該是吧。」

「我打賭妳所有的朋友都說妳很漂亮，沒錯吧？」

「他們是我的朋友，所以……」

「但是我不是妳的朋友，至少現在還不是。」克莉斯塔嘆口氣，「我跟妳說實話，妳的皮膚很糟糕。」

有一片刻，我心好痛。該死的朋友。克莉絲塔說的沒錯，我嘆口氣。「這就是我為什麼在這裡，我想變得更好看。」

克莉絲塔輕拍我的臉，「妳臉頰裡的填充劑稍微多了一點。」

每個皮膚科醫師都這樣說，然後又繼續給我注射更多的填充劑。

「還有玫瑰斑！」

沒錯，玫瑰斑我也有。都不是新消息。

但是也有好消息。「如果妳照我說去做，我就能拯救妳的臉。妳的皮膚會變得完美無瑕。我可以讓妳看起來年輕二十歲。」

二十歲？應該沒那麼簡單吧，而且科學上恐怕也不可行。但是我還不準備放棄。

「而且妳以後再也不需要打肉毒桿菌，也不需要填充劑了。」她又加上。

這可使我震驚了。肉毒桿菌跟填充劑畢竟是「使女人看起來更年輕」的兩大支柱啊。如果世界上真有哪個乳霜效果就跟肉毒桿菌一樣好，連我也該早就聽說了。

然後我突然想起我還真聽說過。

是昆妮跟我講的，說有一幫人讓上東區的女人花上千美元買下一大堆的產品，然後還說她們**以後再也不需要肉毒桿菌跟填充劑**。

當時我問，誰會笨到相信這種話啊？

我馬上就會知道了。

「我可以幫助妳。」克莉絲塔說。她稍微彎下腰，就跟年輕人覺得對方比實際上更老、聽力可能不太好時一樣。我的視線直接對著她的乳溝。我立刻抬頭去看她的眼睛，「妳要答應我一件事。」

「什麼？」我問。

「如果我跟妳說該怎麼做，妳會跟著做嗎？」

我猶豫了，心想是否可以禮貌地逃離，但這時希臘女孩立刻把一條圍巾披上我的雙肩，然後一條毛巾就裹在我的脖子上，還覆上塑膠布。椅子轉了過來，使我面對鏡子。

披上圍巾、裹上毛巾、沒戴眼鏡的我，如同一隻煮熟的鴨子。我睜大雙眼，準備好被攻陷。

變美的數字是……

「現在我們就來開始治療。」克莉絲塔說。她手腳很快，在我半邊的臉上敷上一團黏土般的物質。

敷完後，她往後退一步，讓我看鏡子。她把頭湊到我臉旁，像極了兩個在Snapchat照片上的女生。

「我們先做一邊的臉，然後再做另外一邊，這樣妳就可以看到治療前跟治療後的差別。很興奮吧？」

「嗯，很興奮。」

她在我對面的椅子上坐下，我們互相微笑。

「嗯，」一會兒後我說，「每一邊要做多久？」

她聳聳肩。「二十、二十五分鐘吧？」我的心一沉，這表示我在這裡至少還得待上整整一小時。

一想到這點我就心痛不已。我不是很喜歡做這類護膚美容，因為我沒耐心坐那麼久。剩下的五十分鐘我到底要幹什麼？

沒多久我就找到答案了。

克莉絲塔拿起便條簿跟鉛筆，然後滑向我。有一刻，我暗暗希望她只是想跟我聊天。但是她卻開始就我的財務狀況問起各種奇怪的問題，例如我一年花多少錢在肉毒桿菌跟填充劑上？

「兩千美元？」我說。

她一臉同情地看著我。「大多數的女人花一萬兩千美元。」她在便條簿上寫了什麼，但是我當然看不到。

「妳花多少錢在妳的保養程序上？」

「保養程序？」

「洗面乳、化妝水、面膜。一個月一千美元？」

絕對沒有。

克莉絲塔點點頭，開始計算。「所以這個，」她說，「是妳一年內為臉部保養花的錢，然後這個」——她指著另外一個數字——「是妳兩年內花的錢。」

我不想跟她把眼鏡要來，然後戴在我臉上那團黏土上，於是我採取在這類情況常常用的策略，也就是假裝自己看得到。

再說，我還是可以解讀克莉絲塔的肢體語言。顯然我應該展現出驚訝與憤怒，於是我便裝出驚訝憤怒的表情。

她動作誇張把那兩個數字劃掉，然後翻到新的一頁。「如果我可以使妳的皮膚變得更好，完全不需要肉毒桿菌跟填充劑，而且妳兩年內再也不需要買乳霜，但是只用一半的價錢，妳覺得怎麼樣？而且如果我說妳的皮膚在兩年內可以年輕二十歲，甚至只用不到一半的價錢？如果我可以為妳做到這一切，甚至還更多，妳覺得怎麼樣？妳會願意付出多少？」

「不知道。」

她寫下一個數字，然後像個老師一樣把它圈起來。我開始覺得反胃，我真的一點概念也沒有。

怎麼可能呢？我是個成年女子，掌握著自己的人生與財力。再說，這個該死的乳霜還能貴到哪去？

她開始審問我有哪些嗜好。我有沒有紀律？我會不會按照固定的程序進行？

「程序？」

「所以妳沒有一個固定的程序。如果有人給妳一套固定的程序，妳能跟著做嗎？」

我大概絕對不會。也許是我太懶，但是我滿腦子想的就是拜託別再給我出功課。拜託，別再給我一件——恐怕沒意義的——事情去做。

「我可以試試吧。」我不正面回答。

「那我給妳的指示呢？」

「我可以照著做。」

「因為妳這個做臉要一個月做一次。」

「做什麼臉？」我不懂了。

「我會再教妳。現在我們來弄活膚霜，會有點熱喔。」

她把一團清澈的凝膠直接抹在我臉上的黏土。我的臉立刻開始變熱。

「有覺得變熱嗎？」她問，「妳有感覺到嗎？」

「呃，有？」

「這表示產品發揮功效了。」

「所以這真的有效囉？」

她使給我一個眼神。「當然。」

她給我看「證據」。她在 iPad 上連上一個連結，展示出治療前跟治療後的照片。

「這些照片其實不應該給別人看，不過」——她偷偷往四周瞥了一眼——「我讓妳看一眼吧。」

我心想這是不是某種故作神祕的手法。如果產品有效，你不會想給大家看使用前跟使用後的照片嗎？

克莉絲塔解釋說，照片上的人來自西伯利亞一個小村子，這裡從來沒有人用過乳霜。「我們當然要付錢給他們。」她聳聳肩說。

我根本沒在聽。我正出神地盯著幾個滿臉皺紋的女人蛻變成皮膚光滑細緻的選美皇后。好啦，也沒那麼誇張，但是至少誇張到使我不停地思考那乳霜在我的臉上會有什麼效果。

我一定要擁有這乳霜。

但是我準備好要談價錢時，克莉絲塔還沒準備好。突然間，克莉絲塔只想談上帝。

「今天早上我醒來時跟上帝祈禱。」她說，「結果上帝回應了我的祈禱。」

「真的？」有一會兒我困惑不已。如果我想在麥迪遜世界賣乳霜，恐怕不會把上帝作為銷售策略。

「我覺得妳到這裡來是有原因的。」她說。

不騙你，如果你坐在一張椅子上，臉上敷著神祕的黏土，你應該知道你來到這裡是有原因的。而且這原因很簡單：他們想設法榨光你身上的錢。他們可以讓你飽受痛苦，但是也可以客客氣氣。但是無論如何，在你打開皮包、送給他們幾千美元之前，你別想離開這張椅子，別想回家，別想再做其他事情。

我又問一次多少錢。

克莉絲塔又開始想用兩年價錢的一半跟總價的三分之二那套數學鬼扯愚弄我，但是我要她直話直說，告訴我最終的數字。她拒絕大聲說出數字時，我又開始有不祥的預感。如果一個人不敢大聲說出某個數字，通常不是好事。汽車銷售員就是這樣。

她寫下什麼，圈起來，然後把便條簿轉過來給我看。這一次我不在乎自己看起來有多老了。我靠向前，瞇起眼睛去看紙上的數字。

數字有點模糊，但是我可以辨認出一個一、一個五，還有三個零。我愣住了——一萬五千？

一萬五千美元？

一萬五千美元？一萬五千美元的乳霜？

我的心臟開始狂跳。我知道這乳霜會很貴，但是一萬五千美元？有一刻，我覺得自己彷彿在另外一個宇宙。

我嘗試用最清楚的方式跟克莉絲塔解釋。

「很抱歉，我沒辦法花一萬五千美元在乳霜上。」

「但是換算起來一年只有七千五百美元。」

「很抱歉，但是我沒辦法**一年花七千五百美元**在乳霜上。」

「可是這是妳的臉啊！」克莉絲塔大叫，彷彿我褻瀆了女性形象的聖杯。「這是妳呈現給世界看的容貌，是妳通往生命的護照啊！」

「護照」這個詞使我想起六個月前為護照拍的照片，照片上的我看起來驚人地難看。然而，我的決心仍強過一張難看的護照照片。

我重重地嘆口氣。「我就是沒辦法。」

較年長的俄國男子意識到有什麼不對勁，這時走過來了。

「有問題嗎？」他一臉責備地看看我，然後看看克莉絲塔，彷彿我們是兩個在班上調皮搗蛋的學生，彷彿我沒照著劇本講台詞，所以克莉絲塔最好趕快把我拉回正軌。

「沒有，」我說，瞥向克莉絲塔一眼。「一點問題也沒有。」

「克莉絲塔會改變妳的人生，妳等著看。克莉絲塔教妳怎麼做，妳最好跟著做。」他提醒我，一邊擺動手指。

克莉絲塔說該移除面膜了，說起來比做起來簡單。把那團黏土弄掉，既單調又費時。店裡每個人都圍過來看結果。當然一點結果也沒有。但是此刻，也不重要了。

虛假的美麗

黏土洗掉後，我知道這是我逃離的最後機會。如果我讓他們把黏土敷在另外一邊的臉上，就會繼續困在這裡半個小時，然後在三十分鐘內持續說不。因為我不可能臉上還敷著黏土就跑到街上。

他們也深知這一點。於是，無論我找出什麼藉口，這群俄國人都不接受，總是說我不能這樣一邊臉漂亮、一邊臉不漂亮走出去。

「我對妳真的有很好的預感。」克莉絲塔說，「我真的覺得妳來到這裡是有原因的。我決定了，我決定要幫妳。」

「但是——」

「妳有很多朋友，是吧？」

「應該是吧。」

「好，那我們來做個交易吧。」

我立刻覺得這是逃離的機會。就算我買不起這乳霜，一定有哪個朋友買得起吧？

「沒錯，我有很多朋友。」我說，「相信我，她們全都會想買這瓶乳霜。我一出你們店，就會跟她們講。」

但是克莉絲塔不接受。「妳可以跟妳的朋友講這產品，但是要等我跟妳說可以了妳才講。」

「什麼？」

「跟什麼人都別講。妳要先保守這個祕密，什麼都不講，一直等到有朋友談起妳的皮膚。等到她們說：『妳氣色真好，妳的皮膚真好。』這時候，只有這時候妳才能告訴她們這個祕密。」

「你們想在臉書上做廣告嗎？」

「我預測三、四個月後妳的朋友就會注意到了。」她把椅子滑向我。「跟我說實話，真的是因為錢嗎？」

「呃……」

「妳花多少錢買皮包？」

「我不知道。」我覺得好像有人正用針戳我的眼睛。

「那鞋子呢？如果說我可以用十雙鞋的價格給妳整整兩年的護膚產品呢？」

「我不需要。」

「妳花在腳上的錢多過花在臉上的錢？妳還要這樣子活多久？」

「我不知道。」

「那八雙鞋呢？」

「別問了！」我大叫。

「五雙鞋？」

「我付不起。」

「那妳可以付多少？」她厲聲問。

我能說什麼？什麼都付不起？我看看四周，店裡每個人都在盯著我們。

「也許兩雙半？」

「這樣不夠。不如……」克莉絲塔在便條簿上又寫下一個數字，轉過來，舉到我臉前。

「可以嗎？」她問。

我看看那數字，投降了。

「可以，」我說，「可以。」

我震驚地離開那店時，皮夾裡少了整整四千美元，手上提的袋子重了整整十公斤。我駝著大大小小五顏六色的盒子，盒子裡有面膜、安瓶、乳霜、化妝水、洗面乳、磨砂膏等等，全附有使用說明，上面印著模糊的產品照片，還有各個產品的使用順序。

「所以他們逮住妳了。」那週末回到小村後，昆妮對我說。

「一點都沒錯。」

「損失多少錢？」

「呃……」我不想回答。我可以告訴她真相嗎？我連對我自己都說不出真相。我接受不了這事實。

「兩、三千吧？」我說謊。

我自己都無法解釋怎麼會這樣。有可能是克莉絲塔不知怎麼把我催眠了，使我花掉那麼多錢？還是只是我不敢傷她的心或是惹她生氣？

但是還有一個我不願承認的部分，也就是我真的很想要那瓶乳霜。更重要的是，我真的很希望乳霜**真的有效**。

我得做點什麼讓這一切有意義，不讓這一切只是浪費時間。

使用這些產品並不簡單。我的保養程序包括敷上乳霜，還有躺下來在眼睛上鋪著黏兮兮的棉片。這表示我得特別排出時間來保養皮膚。所以這乳霜最好有效，最好就跟克莉絲塔說的一模一樣！

接下六星期，沒人注意到。但是後來我去看皮膚科醫師，他吃驚地說我的玫瑰斑改善了。三個月之後，我的管家說我看起來更年輕、更漂亮了。四個月後，我遇到好久沒見的朋友，他們說我看起來好年輕，差點沒認出我。

我知道這效果不會永久持續下去。現在問題來了：乳霜用完後，我該怎麼辦？

這狀況出現的比我預期的還要早。正當我的皮膚達到粉嫩童顏的頂峰時，其中三個產品同時用完了。於是我就跟所有理性明智的人一樣，去網上查看產品的成分，然後找到聲稱有同等功效、但是更便宜的產品。

之後我就沒再去想這件事了，直到漫長的嚴冬過去，天氣開始變暖，麥迪遜世界的居民又開始走出屋外，走進陽光。

再一次，珠寶在櫥窗裡閃閃發光，假人模特兒展示著你只能在想像中穿著的服飾。

但也不是一切都一樣。也有黑暗的角落，空了的商店，用棕色的紙板封起來。

我發現那群俄人幫仍站在店門口騷擾行人時，心裡莫名其妙地鬆了一口氣，同時納悶他們還認不認識我。

「嘿！」希臘女孩大叫，「我喜歡妳的風格！」

我停下腳步。難不成時光倒轉了？

接著我滿腔怒火。「妳在開玩笑嗎？不記得啦？我半年前進了你們的店，結果在你們的哄騙之下買了你們的乳霜！」

「妳是我們的顧客啊？」那女孩一臉不可置信地看著我。我看起來不夠高檔、配不上他們的店嗎？還是我皺紋太多、不像他們的顧客？然後我領悟了。也許她無法相信我會那麼笨。

送給妳，她說，把一包試用品塞到我手裡。

我收下了。

第六章

中年人生失常

「妳不會相信發生了什麼事！」媞爾達．提亞說。

「說吧。」

「艾絲跟珍妮佛不是一起去一間養生度假飯店嗎？」

「對。」

「結果她們大吵一架，艾絲還把酒潑到珍妮佛臉上！」

我應該大吃一驚，但是我並不覺得奇怪。

艾絲五十三歲，珍妮佛五十七歲，兩人在大家眼中都是那種「心腸好」的人。她們很少跟別人意見不同，寧願隱藏自己的感覺，也不願傷害別人的感覺。而且她們往往還更進一步，總是急於為他人頂罪。她們是那種看了《比佛利嬌妻》、然後深信這節目完全是虛構的人。

但是接著發生了什麼事？

我將之稱為中年人生失常狀態。

也許一部分要怪天氣。二十五度、乾爽舒適、陽光普照，這種天氣大家就是會想聚在一起，當然還有一起喝酒。

補充一點，當我那群朋友在小村定居下來沒多久，朋友的朋友就開始聽說她們有多快活，然後一一開始不請自來。這時候麻煩就開始了。

首先是賽希的朋友瑪果，她決定與亞特蘭大的先生分開，「試試」單身生活。結果，她跟某個小鮮肉去坐船，就跟大多數的小鮮肉經驗一樣，坐船的時間一再拖長，長得比她自己預期的還要久，於是她在大太陽底下多喝了幾杯酒，最後在船塢的停車場上想開車離去時，被警察拘捕。

然後這狀況散播到瑪莉蓮身上。兩個月前，賽希跟我怎麼也無法拉瑪莉蓮出門。現在瑪莉蓮想出門了。每日每夜，她去參加每個派對，不管有沒有被邀請。

男人開始出現後，爭吵就開始了。凱蒂跟瑪果吵起來，因為凱蒂有個男性友人同時跟她們兩人調情。瑪莉蓮跟昆妮吵起來，因為瑪莉蓮對昆妮來自外州的男友說了什麼。媞爾達・提亞則跟誰都想吵架。

然後瑪莉蓮跟我也差一點吵翻。

進入夏天後，隨著白天越來越長，我、賽希跟瑪莉蓮之間的關係開始緊張起來。也許是因為我們以前從來沒這樣在一起，而且瑪莉蓮總是跟隨大家的意見。但是後來瑪莉蓮開始言行舉止完全不像自己，她以前是默默躲在幕後的人，現在卻開始搶盡風頭，盡講一些賽希跟我從來沒聽過的人事物的八卦。

剛認識瑪莉蓮的人當然會以為她一向都這樣，我們根本無法解釋她以前並非如此，於是有一陣子，這個轉變前跟轉變後的瑪莉蓮引起不少困惑。一天下午，情勢終於達到頂峰。瑪莉蓮走進屋，看到我、凱蒂跟媞爾達．提亞坐在餐桌邊。我不記得導火線到底是什麼，但是突然之間我們對彼此怒不可遏。

我說：「我根本不認識妳了。」

她說：「我就是這樣。這是新的我。」

然後她抓起她的東西，準備衝出去。

「別想跟以前一樣又這樣衝出去！」我知道自己聽起來像白癡，因為瑪莉蓮以前從來沒有這樣「衝出去」過，因為瑪莉蓮跟我從來沒吵過架。

然後她的話像是摑了我一巴掌。「去你的！」瑪莉蓮吼。

我倒吸一口氣。相識的二十年中，我們從來沒這樣罵過對方，我無法置信。到底怎麼一回事？

「妳說什麼！」我大喊，然後我們在餐廳裡擺好架勢準備對戰。

我的心砰砰直跳。這股深深的憤怒感覺原始巨大、令人不安，彷彿我面對的不是瑪莉蓮，而是某種惡魔。我們怎麼可能如此憤恨對方？我們舉起雙手，像是想要出手。然後我們僵住了。有什麼襲上我們的心頭，使我們恢復理性。

我轉身，她也轉身，也或許是她先轉身，然後我才轉身。總之我們互相退開。她從前門走出去，坐上車，我則退到凱蒂的廚房。

我們都立刻打電話給賽希。

賽希嚴厲地申斥我們一番，說我們都是成年女人了，怎麼能夠這樣子。她說，這根本不是我們。

她說的沒錯。那不是我們，而是中年人生失常狀態。

中年失常與中年危機

表面上，中年人生失常狀態就跟以前人們所說的中年危機類似。

幾年前，中年危機多發生在四十多歲的男人身上。人們將之視為一種成長的儀式，一種對社會束縛的反抗：家庭義務、「權勢機關」或者過去多數是男人所任職的企業集團。在男性中年危機的鼎盛時期，一個男人可能會去買輛摩托車，或是開始看《花花公子》，或者是開始有外遇。有時候中年危機最後還導致離婚，但並非一定如此。人們將之視為一個階段，一個男人會經歷的時期。

但是女人卻不被准許有中年危機，她們只能有精神崩潰，今天我們會稱之為未診斷出的憂鬱症。因此，遇到傳統的中年危機時，男人會四處亂跑，女人則會回到床上，躲進被子裡。

今天，四十幾歲就有中年危機聽起來會很愚蠢。首先，很多人過了四十歲才找到伴侶或開始生小孩。人們到了四十歲才終於開始成熟，才開始有點像個成年人。他們會開始在大城市的郊區買房子，開始擁有典型的家庭生活，一切都以孩子為中心，還有孩子生活中不免會牽扯進來、因此不得不稱為「朋友」的成年人。

由於現代的家庭生活是如此忙碌、疲憊與辛苦，如此消耗精神與情緒，反而遏止了中年危機的出現。根本沒時間去質疑生命的意義，或是自問那最終的問題：**我**為什麼在這裡？

但是儘管家庭生活遏止了中年危機，並不表示中年危機就完全消失了。這只表示中年危機會更晚出現。而且通常出現在一個再不適合的時機，因為此時一大堆其他的生命大事——像是離婚、死亡、搬家、更年期、小孩長大離家、失業等——也同時在發生。

以前不是這個樣子。過去，五十幾歲一度意味著退休的開始——工作少一點、速度慢一點，花更多時間在休閒嗜好上，花更多時間跟朋友在一起，而你的朋友也跟你一樣正慢慢進入一種更愜意的生活風格。總之，退休年紀的族群除了變老長胖，更常需要去看醫生跟上廁所外，就沒什麼可做了。除了保有十分之一的財力，還有在許多例子裡又回到他們三、四十歲竭盡所能試圖爬出的社經地位，人們不期望他們去運動、展開新事業、搬到另一州、跟陌生人有一夜情、被警察逮捕，然後重頭開始。

但如今許多五十、六十幾歲女人的生活就是如此。

終於不幸福的故事

就舉艾絲為例，她的故事就是典型的中年人生失常狀態，只不過她的失常狀態發生在富裕舒適的百分之一世界，理論上艾絲應該永遠都可以為自己買棟房子。

艾絲不是女性美德的典範，她生來也不該是。她是那種社會叫女人做什麼她就做什麼、社會叫女人想要什麼她就想要什麼、而且發覺最好不要就此思考太多的女人。

她在新英格蘭南部一個新住宅區的大平房裡長大。在那種地方，每個人賺的錢都差不多，生活風格也差不多，連衣著也差不多，因為全是從同樣的商店與目錄買來的。

艾絲有兩個哥哥跟一個妹妹，哥哥吉米和她算是最好看的兩個。艾絲是爸爸最心愛的女兒。就跟那時代許多男人一樣，艾絲的爸爸也是那種「每天要喝酒的人」，在今天我們會說是酗酒。他每天五點下班回家，然後六點鐘艾絲的媽媽試圖叫大家坐下來吃晚餐時，他已喝了三杯琴湯尼。有時候爸爸喝酒是好事，有時候不是好事。如果不好時，艾絲發現去逗爸爸笑，爸爸的心情就不會那麼糟，然後家裡每個人都暗暗心存感激。她發現這就是她的工作。也許還是一輩子的工作。

高中畢業時，艾絲檢視自己的條件。她個子又高又瘦，身材說得好聽是「運動型」，其實就是平胸的意思，只有A罩杯。

這是一個大問題。因為在惡名昭彰的女性缺陷排行榜上，平胸可是排在第一位，在「肥胖」、「多毛」跟「肥胖多毛」之前。平胸被視為是一種異常，一種對男性的侮辱，她兩個哥哥就從沒厭倦過提醒她這一點。他們倆還不是唯一的攻擊者。整個十年級，有一個男生總是因為她平胸欺凌她。他會騎著摩托車經過她家，然後用球彈槍射她。

「有一天我要殺了妳！」他會大喊。

「其實他是喜歡妳，但是不知道怎麼表達。」她媽媽當時對她說，但是艾絲知道這不是真相，那男生是真的痛恨她。

而當她看著鏡中的自己時，她領悟到有一個做法可以報復那男生，報復所有跟他一樣的人：也就是成為模特兒。

她真的成了模特兒。她工作很勤奮，賺的錢足以在一個金錢、毒品與搖滾樂的世界裡資助自己，畢竟沒站在相機前時，模特兒就沉醉在這樣的世界。但是與其他大多數的女孩不同的是，艾絲從來不覺得這樣的生活風格會成為她永遠的生活，她自己也想要兒時那種混亂而溫馨的家庭生活。

二十五歲時，艾絲嫁給她的真愛，一位英俊的愛爾蘭前職業足球員，現在轉行到商業房地產。大家都公認兩人門當戶對、郎才女貌。艾絲是個社交女神——她知道如何化解陌生人之間的尷尬不安，她能夠從房裡最有權勢的男人口中哄出最私密的表白。她是個善於安排化解的女人，一個不危險的女人，一個樂意協助你解決問題的女人。而她老公憑著過去的足球背景，在七月四日的花園烤肉會上讓艾絲所有的親友都大開眼界。

婚姻維持了五年，接著現實生活就襲來了。

艾絲生了兩個兒子。他們搬出紐約市，結果他老公失去了人脈，賺的錢變少了，她嘗試也去工作，但是她唯一做過的工作就是模特兒，而現在她絕對沒那身材再去當模特兒。這樣的狀況持續了幾年，然後此時她四十出頭的老公陷入了他的中年危機，跑走了。

她老公什麼錢也沒有。沒財產可分，所以離婚很快就辦完了。

無處可去的艾絲搬回老家，回到自己出生長大的大平房。只不過這一次，是她兩個兒子睡在她兩個哥哥的房間，而她則睡在自己有褶邊、粉紅色的兒時床上。

她爸媽深愛這兩個小孫子。但是他倆已七十幾歲了，已習慣了典型的退休生活，也就是每天花幾小時打高爾夫球，然後週末出遊去金神大賭場看席琳狄翁的演唱會。離了婚的四十二歲女兒帶著兩個兒子住在家裡，並非他們所期望的退休生活。

如果這是虛構的故事，這時候艾絲會決定做出改變。她會拒絕讓生命繼續**擺弄她**，而開始**採取行動**自己撰寫自己的人生。她會為自己跟兩個十幾歲的兒子找到地方住，地方雖小，但是乾淨，還可修補；她會自己為牆壁塗油漆，然後兩個兒子還會神奇地幫忙，三人邊笑邊互相潑油漆時，我們知道艾絲將扭轉乾坤；她會在麵包店找到工作，然後發現自己有裝飾蛋糕的天分——最後一切都會走上正軌。在女人相互述說的故事裡，女主角總是有某種特殊的才能或未知的「天賦」，使她能夠賺錢養家，照顧自己跟孩子，並保有自己的尊嚴。

但是真實生活並不總是如此順利。

站在兒時房間的鏡子前，艾絲再次檢視自己的資產：臉蛋還很漂亮，腿也還很漂亮，但是胸部——又是那該死的胸部——看起來很淒慘。兩個魚雷狀的皮囊。她不顧媽媽的警告——每次艾絲解開襯衫的扣子時，她媽總會說「小胸餵了奶就不會再復原了」——堅持給孩子餵母奶。她想保護自己的孩子不受傷害，卻發現沒人可抵擋生命中的厄運。

在傳統的世界裡，在那個人們還相守相持的世界裡，下垂的胸部跟老化的跡象根本無所謂。但是在今日的世界裡，就有關係了。

所以艾絲去找隆乳外科醫師。

艾絲是從朋友那知道這醫師的。走進診所時，她吃驚地發現那醫生是個矮矮胖胖、長相平凡的男人，使她想起某人的爸爸。他戴著一個面罩，把眼睛都遮住了，使他看起來像個機器人。

整個過程一直在待在診間的護士溫柔地將艾絲身上的病人服從雙肩拉下，露出那兩團毫無生氣的皮囊。外科醫師把頭轉開，但是小心地用手檢查她的胸部，像是在權衡籌碼的重量。

他坐回椅子上往後滑，然後嘆口氣。艾絲匆匆把病人服往上拉，坐直。

「我想我可以讓妳非常非常快樂。」他說。

「真的？」

「我可以幫妳做成D罩杯，說不定還可以做成雙D。妳有很多多餘的肉。」

「這是好事嗎？」她問。

「非常好。」護士點頭說，「這表示可以做成比基尼模特兒那麼大。」

「像個二十一歲的年輕女人。」醫師自豪地說。

幸好艾絲真的想看起來像個二十一歲的年輕女人，否則這整件事早就嚇壞她了。

她事先就得為手術付費：三千五百美元，用信用卡付。

手術後她醒來，護士告訴她一個更好的消息：「醫師發現可以幫妳做得更大一點，妳現在是E罩杯喔！」護士興奮地尖聲說，使「E」聽起來像老鼠的叫聲。「很棒吧？」

艾絲試著深吸一口氣，結果差點陷入恐慌。她的胸前有一團陌生的重量，胸部的重量，性感的重量，渴求與被渴求的重量。有一刻，她納悶自己到底做了什麼。她真的準備好了嗎？光是從重量判斷，她知道這胸部一定很大。她納悶自己該怎麼拖著這兩團生理食鹽水袋在世界中前進，真的。她的胸部一定不會被人忽視，每個人都會盯著她的胸部。一想到男人盯著她、渴望她，又燃起了她的慾望。

「有了這個新身體，妳會樂趣無窮！逛街買衣服、買胸罩……」護士繼續滔滔不絕地說，「現在妳有最完美的藉口給自己買一整櫃新衣服。妳看，妳整個生命都會跟著改變！」

她露出一臉嚮往的表情，為什麼不呢？所有的女人都熟悉那種醜小鴨變天鵝的故事。沒錯，我們都欣然將之視為成功的故事。如果一個女人能夠改頭換面，將自己變成一個更商業、更賞心悅目、更人見人愛的女性典型，**她就可以過著完全不同的生活**。

而真的，艾絲發現擁有這個新身體幾乎就像生了小寶寶一樣，每個人都恭喜她。而且這一次她不疲倦，看起來還魅力四射，還可以喝酒。沒過多久她就交了一群新朋友，她常在火車站邊的碼頭酒吧趁歡樂時光跟她們碰面。這些朋友當中有些已婚，有些未婚，但是全都膚色黝黑、打扮得體、穿著昂貴，而且就跟她一樣，都有乳房植體。

受不了父母不明說的反對，艾絲決定搬出去，跟新朋友至少可以無拘無束，因為新朋友同情她的遭遇。先是嫁給了真愛，結果對方卻毀了她，而現在她要開始做她一開始就該做的事，也就是嫁給一個有錢人。

她的朋友都大力贊成。在女人的世界裡，為了錢而利用男人，是對男人的報復，因為男人可以為所有的事情而利用女人。

然而，嫁給有錢人這個想法雖然聽起來很不錯，實際執行起來往往卻困難重重。光是要找到一個財務狀況跟妳差不多的男人，就已經很難了。換句話說，如果有哪個女人說：「我要找個有錢人嫁。」其他女人多會暗中想：「慢慢找吧。」

但是艾絲說到做到，這使她的故事稍有不同。

而且她還大方承認自己並不愛對方，一直到結婚那天都不改口。這就不尋常了。在為了錢而嫁人的故事裡，女人不能承認自己只是為了錢而結婚，至少也要假裝自己愛對方。但是艾絲不是如此。在一夜一千美元的頂級旅館裝飾華麗的新婚套房裡穿上新娘禮服時，被伴娘團團圍住的艾絲提醒大家，她只是為了艾迪的錢而嫁給艾迪。

「那就別嫁給她，甜心。」幾個朋友懇求她。

「非得嫁，為了我兩個兒子。總之，」她舉起雙手讓大家為她把新娘禮服從頭上套下來，「我豁出去了。」

接下來五年，儘管她卑劣自私的老公艾迪從不停止告訴她跟其他人艾絲有多笨，艾絲也不抱怨。她兩個兒子有個舒服的家，上最好的學校，這才是最重要的。後來她老公開始喝酒喝得更兇，偶爾還動粗時，她也默默忍受。她為自己選了這條路，便會一直走下去，她會逆來順受，就算要走一輩子都不後悔。

後來她老公去看醫生，醫生告訴他如果他不戒菸戒酒，就沒久就會死。有些男人聽了這種話只會一笑置之——畢竟每個人「有一天」都會死——但是艾迪不是這種人，他是那種恍然大悟便勇往直前的中年男人。

艾迪一臉慘白、全身發抖地回到家裡。艾絲當時在廚房裡調製一壺白果酒，看到艾迪蒼白汗濕的臉龐時，艾絲有一刻還以為他心臟病發作了，有一刻她的反應不是畏懼或驚恐，而是喜悅：也許她老公要死了，那他們所有的問題就解決了。但是生命沒那麼仁慈。

「我好害怕。」艾迪說。

他立刻開始經歷所謂的「健康行為大轉變」。

所謂「健康行為大轉變」就是一個一向不怎麼注意身體健康的人，突然開始極端注意身體健康。他們會開始狂熱地運動，開始採用一切跟運動有關的東西，像是用來測量身體變化進展跟計算熱量的裝置。然後他們一樣接一樣地開始放棄碳水化合物、糖、麩質、小麥、肉、奶製品，當然還有酒精。

過去如果發生這種事，大家聽了會搖搖頭，然後繼續喝手中的雞尾酒。過度注重自己的健康被視為是自我沉溺，你不應該藉由運動延長自己的生命，試著阻止讓上帝來決定你的死期是什麼時候。而且，突然注重自己的健康往往就表示死期不遠了。任你跑得有多快，死神還是會追上你，不少中年男人不就常在慢跑時心臟病發猝死嗎？

當天晚上，艾絲喝著白果酒時，跟艾迪大吵一架。艾迪認為自己得戒酒，那艾絲也得跟著戒酒，而且連肉跟碳水化合物也得跟著他一起戒掉。艾絲不肯，艾迪一氣之下跟她說她變胖了，而且一點都不注重自己的外表，再也激不起他的性趣了。隔天早上，艾迪衝去邁阿密，住進一間一個月費用七萬美元的戒酒中心。

戒酒中心奏效了，算是吧。艾迪返家時，不喝酒，輕了五公斤，熱愛瑜珈、以色列防身術跟羽衣甘藍。除此之外，他還想離婚。

他搬出去，入住一間豪華的飯店。艾絲開始漫不經心地翻看艾迪的東西，沒過多久，她就有所發現：沒錯，艾迪去過戒酒中心一個月。但是之後他立刻跑去一間旅館，花了上千美元跟好幾個不同的女人進行性交易。

艾絲跟朋友尋求慰藉，她的朋友立刻跑來安撫她。

後來她還挖出更多的細節。一次，艾迪在飛機上醉到不省人事，還尿濕了褲子。還有一次，他把一個朋友的滑雪板從纜車上丟出去，只因為朋友請他把香菸熄掉。還有他總是說艾絲胖。

艾迪顯然是個混蛋。

而且就跟許多男人一樣，檢視自己的性別歧視與惡劣行為，然後就此認錯的能力，在艾迪身上不存在。而且這個事件中，一定要有一個贏家、一個輸家。他不能當輸家，那就得試著成為贏家。這就表示艾絲必須被醜化，艾絲必須成為一切的罪魁禍首。

艾迪雇來一名冷血兇悍的超級律師，控訴艾絲。這律師聲稱他聽說艾絲跟人們講艾迪是個欺凌者、虐待者、酗酒者，現在艾迪除了要跟她離婚，還要控訴她誹謗。

這個新出現的兇惡男律師引起艾絲高度的壓力與焦慮。每次的溝通都使她陷入極端的「戰鬥或逃跑」模式。她可以說是全身總充滿了壓力賀爾蒙。可能就是這所有的壓力導致了下一個悲劇的發生：艾絲一邊的乳房植體爆裂了。

媞爾達．提亞說，其實這並不令人意外。她說乳房植體常常出錯，而且不是終身保固，但是他們在植入之前通常不會告訴妳。

於是，在這場痛苦的離婚過程當中，艾絲住進醫院進行第一場手術。她醒來時，胸前縱橫交叉地裹滿了稍帶血跡的繃帶。

她感覺沒那麼糟，至少她還有心情自我解嘲：「還有什麼可以出錯？」

如果艾絲處於別的人生階段，這問題的答案只會是「當然沒有」。但是因為艾絲正處於中年人生失常狀態，這個問題的答案是「你等著吧」。

手術後第三天，艾絲的哥哥打電話給她，告訴她，他們八十七歲的爸爸開車出門，結果撞上一棵樹。他被送去醫院，但是十五分鐘前被宣告死亡。

如果按照她哥哥跟她媽媽的看法，這全是艾絲的錯。因為原本艾絲負起了照顧父母的責任。她定期去看他們，載她爸爸去商店還有任何其他他想去的地方——比如說當地的小餐廳——他們會點來「對你的健康不好」、夾著加工肉品與乳酪的漢堡。但是艾絲後來忙著處理離婚跟乳房植體爆裂意外時，就沒時間再過去。

這也算她的錯。畢竟她終於找到一個有錢的男人，一個可以養活她的人，結果她又搞砸了。她沒有一件事可以做對嗎？

艾絲出現進入中年人生失常狀態的黑暗想法。

黑暗的時刻

中年人生失常狀態中偶爾會讓你有精神錯亂到想尖叫的時刻。你會瞪著鏡子，看不出有什麼理由繼續下去，你會覺得一整天像個黑洞一樣。

想法就如同一雙小腳。它們開始踩出一條小徑，最後變成一道自我懷疑與絕望的低谷。

我做了什麼才得到這樣的報應？我哪裡做錯了？還有：**這真的是我的人生嗎？**

艾絲就開始出現這種狀況。早上醒來時，她開始想，如果她不醒來，也許——對她自己跟所有人來說——都更好。

但是接著她領悟到這是個自私的想法。她還有兩個兒子要照顧，而且還有第二場手術可期待。

而此時，幸運之神終於來敲門了。由於乳房植體爆裂了，保險公司還會負擔乳房重建的費用，其中包括了腹部抽脂。換句話說，醫生將以手術重新塑造艾絲的身體。

艾絲為手術住院打包行李。從上一次住院的經歷，她知道手術後將面對什麼，持續的嗶聲、朦朧的昏睡、醫院的塑膠床單、友善的醫護人員。而當她仔細想想時，她發現這些醫護人員是過去六週以來唯一對她友善的人，至少他們還願意裝出關心的樣子，因此也許他們是真的關心？

有可能嗎？

開車前往醫院的路上，艾絲發現自己很期待住進醫院。

隔天早上，裹著強力腰帶、支撐胸罩與最新式的膠狀運動繃帶，包得像個木乃伊的艾絲回家了。她穿過沉重的前門，穿越挑高的玄關——有錢人的家裡都需要一個天花板挑高的玄關，彷彿除了頭上這塊沒必要的空間之外，沒有更好的方式展示你的富裕——爬上樓梯，走進有更衣間與鏡子的主臥室，取出手機，照了張相。

她把照片傳給五個朋友。然後上床睡覺，一睡就睡了十六個小時。

其中一個收到照片的朋友是媞爾達．提亞。她說這場手術太成功了，你簡直無法相信艾絲有多漂亮。

她給我們看幾張艾絲最近的照片。在支撐用的緊身衣上，艾絲穿著黑色的運動服，看起來像是減掉了一半的體重。

「我真不敢相信他們能夠達到這種效果。」我說。

「他們現在能夠達到的效果太驚人了。」媞爾達．提亞說。「謝天謝地，現在她也許至少可以再找到個男人。因為說實話，她沒多少選擇。要找工作她大概也找不到。」

我臉色發白。

「這就是現實。」媞爾達．提亞憤恨地說。「不是每個女人都有大事業。你看看瑞莉．霍爾，她嫁給一個八十七歲的老男人。如果妳是像艾絲這樣的女人，這就是妳的選擇。」

「而且艾絲還是個平凡人。」凱蒂指出，「就更沒希望了。」

儘管如此，我們都同意這場手術是一場勝利。每一個朋友的每一場勝利，不管是怎麼達到的，都是我們大家的勝利。這顯示也許我們還是能夠做到我們全都害怕無法做到的：戰勝逆境。

但是中年人生失常狀態沒這麼簡單，它就猶如梅杜莎——砍掉一顆頭，又長出兩顆頭。

兩星期後，艾絲還在家裡休養時，接到老朋友珍妮佛的電話。她跟珍妮佛已經有好幾年沒聯絡了，但是珍妮佛聽說了艾絲的遭遇，想問問她的近況。艾絲心裡很感激，於是她跟珍妮佛傾訴最近遇到的重重問題。說她不得不開始賣房子，但是艾迪跟不動產經紀人說她是酒鬼；說她非常想念父親，而她母親依舊不跟她說話，也不願意給她任何父親的遺物；說她兩個兒子去夏令營了，她現在孤單一人。

珍妮佛無法為她解決這些問題，但至少可以帶她遠離一下這些問題——做法就是去亞利桑那州一間養生度假飯店幾天。珍妮佛在某次抽獎活動贏了飯店的兩人之旅，艾絲只需要付機票錢。

艾絲答應了。這可能正是她此刻需要的，但是中年人生失常狀態偏偏就選這時候滿天放臭彈。

因為在中年人生失常狀態，兩個過去以為彼此很相似的女人有可能突然發現兩人的生活其實天差地別。

跟艾絲一樣，珍妮佛也有兩個小孩，也結婚過兩次。剛展開不動產經紀人的事業時，珍妮佛認識了一個非常好的男人。兩人結了婚，生了兩個女兒，之後珍妮佛繼續工作。

三十出頭時，兩人都外遇，婚姻也破裂了。但是跟艾絲的境遇不同的是，老公離去時，珍妮佛不需要賣房，她根本就不需要搬家，也不需要改變自己的生活。換句話說，她的離婚算是很順利。她的生活幾乎就跟以前一樣，工作、照顧兩個女兒跟房子，唯一的差別就是老公不再包含在內。

後來珍妮佛認識了一個年紀相當、也是不動產經紀人的好男人，兩人結了婚，還一起創立了自己的公司。

現在，十五年之後，兩人依舊在一起。他們住在一棟非常漂亮的房子裡，有儲蓄，有很多朋友。珍妮佛跟兩個女兒的關係很好，兩個女兒也住在不遠處。而珍妮佛知道，不久之後，兩個女兒就跟她一樣，會在自己的圈子裡遇到好對象。她們會結婚、生小孩，還有工作。珍妮佛是兩個女兒的模範。

有一度，艾絲以為自己的生活——儘管也許沒那麼幸福——最終應該會跟珍妮佛的生活差不多。

但她們的生活並沒有差不多。其實沒人沒意識到這點，直到兩人在亞利桑那州起衝突。

潑酒事件

從另外一個機場起飛的珍妮佛，上機之前還起了個大早去上瑜珈課。相較之下，艾絲很晚才醒來，而且心煩意亂。她前一晚喝太多酒了，而且一段時間是一個人喝。過去喝酒總是能減輕她的痛苦，通常早上醒來後，一切又會很好。但是現在不再如此了。她會喝酒，然後醒來，結果又有什麼不對勁，像是護照快過期了。

但是走在機場裡時，她發覺到有什麼不一樣。人們看到她時，並不會像手術之前那樣又把目光移開。原因一定是她的新身材。她對一、兩個人露出微笑，對方也報以微笑時，她開始覺得這趟出門可以好好彌補過去這幾個月的低潮。

艾絲走去酒吧，她跟吧台員立刻聊起來，對話中她得知了吧台員的所有生活細節，像是他住在離機場一小時的地方，每天早上得五點鐘就起床等。他最後免費招待她喝兩杯酒，她則給他其實自己並付不起的四十美元小費。

飛機上，艾絲又認識了更多新朋友，一位女士與三位男士。一群人興高采烈說說笑笑，周圍的乘客也不在意他們的聲音大了一點。飛機上的乘客要不就是去度假，要不就是要回家，前往期望見到的人與地。

在亞利桑那州降落時，艾絲頭痛欲裂，在飛機上喝下的酒精在正常的大氣壓下凝結成震耳欲聾的宿醉時，就是這種狀況。只有一個方法可以對抗這感覺：喝一小口酒。

她走去酒吧，點了一杯紅酒，取出手機。珍妮佛已經發了四則訊息給她。

妳在哪裡？妳沒事吧？

她看了只覺得反感。她很想傳回去：**妳是我媽嗎？**

剛降落。她寫道。最後她一口氣喝下整杯酒，部分是出於賭氣。

機場的旋轉門外，熱氣乾燥沉重。

「嗨——！」珍妮佛說。她正等在外面，剛從手機抬頭望向出口。「我的天啊！」她驚叫，「妳好漂亮啊！」

「謝謝。」艾絲說，「我自己也感覺很好。」

「嗯，真好。」珍妮佛說。

「妳看起來氣色真好。」艾絲說。

珍妮佛謙虛地把頭垂向一側。有人稱讚她漂亮時，這就是她的招牌動作。珍妮佛是真的很漂亮，而且從來沒變胖，也沒動過整形手術，由於她多年來注重鍛鍊保健，所以看起至少年輕十五歲。她還是個心地非常好的人，彷彿知道自己有幸天生麗質，但這並不是最重要的特質。她完美到令人討厭，艾絲記得。也許這就是為什麼她們沒成為最好的朋友。珍妮佛如此完美掌控自己的身材，就像是直接對別人摑了一巴掌，並說：如果她可以做到，為什麼妳做不到？

坐在計程車上時，司機一路上不斷讚揚亞利桑那州的美麗風景。他們開過一間間破敗的小農舍，圈欄裡站著懶洋洋的馬匹，然後經過一片片漆成橘色的新建築區，綿延不絕地延伸到山腳下，然後穿越一條接一條的商店街，最後終於來到一個有樹木、有綠草、有草地灑水系統、有高級連鎖餐廳的區域。

但是當車子開到旅館門口時，艾絲的心情跌到谷底。旅館的設計如此貧脊、全是水泥，跟她想像的完全不同。

但是旅館的服務人員都笑容滿面，而且非常和善，就跟當時醫院的醫護人員一樣。他們全穿著淺藍色的制服，點綴著一道深藍色的色調。本來都很好，但是這幾道藍色有些不對勁。深藍與淺藍不但互不不協調，反而互相牴觸。

注意到這一點，使艾絲想起自己在這有多格格不入。

但是接著幫他們提行李的男子開始說笑，也許甚至還跟她調情起來，使艾絲想起自己為什麼來這裡：來享樂。

主治療師問他們來到這裡的目的時，艾絲特別大聲說：「我是來享樂的！」治療師們聽了都露出微笑，互相點頭表示認同。

「我來這裡也是來享樂的！」珍妮佛說。

但是你可以想像，兩個女人對享樂的定義大相逕庭。

頭兩個小時，艾絲盡其所能配合。當天下午沒有療程，於是她跟珍妮坐在戶外泳池邊，周圍是一片漆著炫目色彩的水泥，附近有一個賣健康零食的自動販賣機。

珍妮佛從她的設計師皮夾裡掏出幾張小鈔，塞進販賣機。「一起吃吧。」她遞給艾絲一包零食。

兩人分別在陽傘兩側的躺椅上躺下來。

「好啦，」珍妮佛說，一邊扯開裝著生南瓜子的塑膠包裝。包裝一下被扯開，幾顆南瓜子飛到珍妮佛抹了油的肚子上。她小心翼翼地撿起來，包到一張餐巾紙裡。「好啦，」她又說，「告訴我整個經過吧。」

艾絲開始說。但也許是因為沒有酒精，珍妮佛似乎沒像過去那麼有興趣。過去，她聽到艾絲的感情創傷總是很興奮。過去，沒有什麼比感情創傷更有趣、更重要了。

「噢，艾絲，真抱歉。」珍妮佛說。

「我知道，太無聊了。」艾絲說，「我的意思是，我還能奢望什麼？我從來沒愛過他。」

珍妮佛點點頭。她拿起裝著南瓜子的餐巾紙，站起來走去丟進被冰茶濺髒的垃圾桶。

「妳知道嗎？」回來時她說，「這也許並不全是艾迪的錯。」

「妳這話什麼意思？」艾絲立刻兇悍起來。

珍妮佛開始思考。她是什麼意思？她想說的是，如果艾絲能夠坦承自己的錯誤——她的確是喝酒喝得有點太多，而且她當初根本就不該嫁給艾迪，此外她必須停止老是仰賴男人養活她——她也許就能從中學到什麼，然後變成一個更好的人。

但是珍妮佛領悟到此刻不是恰當的時機，於是她只說：「我什麼意思都沒有。我只是在想我離婚時，我不得不檢討自己，發現自己也負有部分的責任。」

艾絲的雙眼瞇起來。「沒錯，」她說，「但那已經是二十多年前的事了。而且妳還搞外遇，被老公抓到。」

「我只是想說——」珍妮佛停頓下來。

「我知道，我知道。」艾絲說，「我現在有點緊繃，也許我應該躺下來休息一下。」

於是她們決定各回房間睡個午覺。

艾絲回到房間，在床上躺下，但是床很硬，過了五分鐘她就開始覺得無聊。她看看手機，飛機上遇到的三個男人中有兩個傳訊息給她了。其中一個待在一間旅館裡，另外一個在自己家，離養生飯店不遠。

艾絲傳訊息給他，請他到養生飯店門口來接她，然後一起去喝飲料。最後兩人一起去星期五餐廳。

艾絲已經忘了星期五餐廳的食物有多好吃，淋上乳酪與墨西哥醃辣椒的玉米脆片。她喝了幾杯瑪格麗特，結果醉過頭，全身不舒服。

她問對方是否可送她回飯店。他欣然答應，其實他似乎還很高興終於可以擺脫她。他在飯店側門讓她下車。

艾絲爬上戶外的樓梯。她以為自己走到二樓了，其實卻走到三樓了。但是她當然不知道，然後想打開房間門時，一個穿著浴袍、敷著面膜的女人打開門，說：「親愛的，妳搞錯房間了。」不知該去哪的艾絲坐電梯下樓，走上一座玻璃圍起、穿越大廳的橋。櫃台後的服務人員看到她，對她瘋狂地揮手，但是艾絲找到一道樓梯，開始爬上去。她沿著一條長長的走廊前進，左轉了三次。左轉第四次時，她撞見珍妮佛。珍妮佛穿著浴袍跟旅館拖鞋站在走廊上，身邊還跟著一位保安人員。

「我從這裡接手吧。」保安人員打開艾絲房門的鎖後，珍妮佛邊推開門邊說。

「噢，親愛的。」珍妮佛說，邊拉開床上的被子邊搖頭。「我該拿妳怎麼辦？」

「對不起。」艾絲邊笑邊說，然後揮揮手，其實應該說是擺擺手，猶如斷翅的小鳥。

「妳感覺如何？」隔天主治療師問。她把擦了護手霜、油亮亮的手放在艾絲肩上，靠過來。「如果妳想談談妳的問題，我就在這裡。」

「我很好。」艾絲堅稱。

她很好，只不過有點宿醉，沒什麼大不了。但說實話，是真的有點大不了。

艾絲決定一切都要怪這飯店，在這個荒涼的養生寺院裡，誰會感覺更好啊？沒有人。於是艾絲想出一個計畫。

整個下午，她到處去徵召別的女人，從餐廳的長廊到蒸氣室到瑜珈課，這裡也有跟她一樣、一百萬年沒運動因此掙扎著維持姿態的女人。這些女人跟艾絲一樣，也想享點樂；她們也跟艾絲一樣，想再次體驗那段年輕的時光，跟著朋友出去吃喝玩樂。

珍妮佛就不太一樣了。艾絲花了一點工夫才說服她，但是她最後終於也首肯了，還說她過去也曾是那種喜歡跟朋友去吃喝玩樂的女人。

於是總共六個女人一起前往當地一間可以跳老式排舞的餐廳。餐廳中央有個舞池，舞池四周擺著一張張的野餐桌，有男人穿著正宗的牛仔裝。整個地方感覺起來像個旅遊景點，但卻是真實的世界。

她們在一張空桌子坐下來。一個不堪其擾的服務生對她們點個頭，馬上又轉身跑走了。

「我去酒吧幫我們點飲料。」艾絲邊說邊站起來。

「我跟妳一起去。」珍妮佛抓住艾絲的手臂，她回頭向留在桌邊的其他女人瞥了一眼。

「我們在這裡做什麼？」

「妳什麼意思？這裡很好玩啊！」

「是嗎？」珍妮佛說。

「妳看那幾個男生。」艾絲邊說邊指向前方不遠兩個男人。兩個人都個子高大，是典型的美國南方男人。「真性感。」艾絲說。

「誰？」珍妮佛環顧一周，然後不可置信地皺起眉。「那幾個男人？他們一點都不性感。」

艾絲走過去，跟那兩個男人攀談起來。

從珍妮佛的眼裡看來，從此刻開始一切只每況愈下。艾絲開始跳舞，她跟幾個女人交換鞋子，然後她似乎還找到人給她某種毒品。就在此刻，「潑酒事件」發生了。

艾絲當時靠在吧台邊。她臉上的肌肉還會動，但已無法顯露出正常的表情。珍妮佛則滿腔怒火，最令她氣憤的是，艾絲搖搖晃晃、語無倫次，又是她得照料她、保護她，要她放下酒杯、出來。而且但願艾絲不會嘔吐，如果吐了，又是一個爛攤子要收拾。

「艾絲！」珍妮佛說，語氣更嚴厲，也許還顯露出過多的憎惡，但是她氣壞了。不過，她的口氣終於得到艾絲的注意。艾絲立刻進入防禦模式，想知道珍妮佛在不滿什麼。

珍妮佛嘆口氣，她知道自己不該語氣這麼嚴厲。艾絲越生氣，就越難帶她離開。而頭腦仍清醒的珍妮佛，清楚知道帶艾絲離開就是她此刻唯一的使命，不管她喜不喜歡。

她溫柔地說：「走吧，甜心。」

艾絲也放下怒容，變得過份開心。「過來認識一下K吧！」她邊說邊指向身邊那男人。

珍妮佛朝他看了一眼，禮貌地說：「很高興認識你。我們得走了，希望你不介意。」

「也許是妳得走了。」那男人說。

珍妮佛目瞪口呆地看著他。因為她認識的男人絕對不會對女人說這種話，他不可能是認真的吧？

「出去兜兜風吧。我跟妳朋友還玩得很開心，我看妳最好走人。」

「我看是你該走人！」珍妮佛氣得說，把這話說出來感覺真好。

她又轉向艾絲。「我們走吧。」

「我不走。」艾絲說。

珍妮佛沮喪地環顧四周。她雙手插腰，說：「艾絲，拜託我們走吧。」

珍妮佛很確定看到艾絲的雙眼閃了一下，接著艾絲就大喊：「閉上妳的嘴！」然後她的手臂往前一甩，只見一團飛盤狀的啤酒潑到珍妮佛一邊的臉頰上。

那力道如同一個搖頭娃娃撞上她。她把頭轉回來時，發現頭髮跟半邊臉都濕了，驚慌地用雙手去摸頭，把手移開時，還以為會看到血。不過她雙手上只是稀薄、發泡、顏色如尿的啤酒。

「噢，我的天啊！」艾絲邊說邊用雙手摀住嘴。

珍妮佛懷疑她在偷笑。

她抓起一把餐巾紙，把自己盡可能拍乾，然後搭計程車回飯店。

洗了個澡、穿著浴袍的珍妮佛考慮寄給艾絲一封長長的電子郵件，說出對艾絲真正的想法。但是她太激動了，接著她打電話給她老公，把故事一五一十告訴他，然後哭了。她老公叫她忘了這事，這只使她更生氣，於是她跟他大吐口水，抱怨說艾絲有多可惡，結果她心腸好的老公，儘管一向都很喜歡艾絲，也被迫附和，承認他一直都知道艾絲這個人有問題。

艾絲在牛仔餐廳又待了一個小時。養生飯店的其他女人都走了，引起潑酒事件的那男人也走了。她最後走去停車場，走到一根路燈後面哭了一小會兒，但是接著她看到一位警察，那位警察為她叫了輛計程車。

隔天早上，艾絲搭乘第一班飛機離開了。她沒跟珍妮佛講話。她沒跟任何人講話。上機前，她在酒吧喝了杯酒。飛機的門一關上，她就昏睡過去。

艾絲回到家時，時間接近傍晚。轉了一個彎後駛向自己家時，她突然很高興看到屋前那熟悉的車道，還有正開滿粉紅色花朵的木蘭樹，她的狗喜歡在夏日的午後躺在這。還有那房子。不知如何，她已經忘了那房子有多大，忘了她剛跟兩個兒子搬進來時，心想自己是世界上最幸福的女人。

那時，每當她想像未來，她總依稀地想像艾迪會比她先死去，然後把所有的財產都留給她，然後她就可以在他們的房子裡平靜地度過餘生。

她現在知道這不會成真。

她只知道這一點。

繼續前進

艾絲最終會想出辦法的。大多數的女人都會。告別中年人生失常狀態、繼續前進，意味著好好檢視生命的現實，然後找出你能從此基礎上建立什麼。一個很好的例子就是賽希的朋友瑪果。

就跟大多數經歷中年人生失常狀態的女人一樣，瑪果從來沒想到自己會處於這樣的狀態：將近六十、單身，沒有固定的居所，沒有薪水、沒有工作、沒有事業。在模糊的未來某時，等她在亞特蘭大的前夫把他們的房子賣掉後，她會得到一筆錢。

瑪果已經有二十年沒有固定的工作，但是她的確有天分，她會畫圖，而人們都對她的畫作驚嘆不已。賽希跟我就一人跟她買了一幅畫，幾個朋友也跟進，我們心想這樣就可以解決瑪果的財務問題。我們深信這裡某個畫廊一定會發現她，他們會開始賣她的畫作，一幅就賣個一萬、兩萬、五萬美元，這樣瑪果就得救了。這一帶一定有足夠的有錢人，花起五萬美元就跟平常人花五十美元一樣吧？

但是當然，現實狀況並非如此。瑪果把畫作裝進吉普車的後座，開去一間接一間的畫廊毛遂自薦。她找到一間畫廊願意用一千兩百美元的價格賣出她的畫作，但是瑪果必須自己掏腰包裱框，而裱框很昂貴，加上扣掉畫廊的回扣，她最後可以淨賺五百美元。畫廊估計他們一個月可以賣出一到兩幅畫，這表示瑪果一個月收入可達到一千美元。但是在一個房租最低至少一個月兩千美元的地區來說，並不足以過活。

於是那年冬天我們擔心起來。不只擔心瑪果，還擔心昆妮，因為昆妮這陣子昏倒了好幾次。還擔心瑪莉蓮，因為她又開始躲在家裡了。

種什麼因，並不一定得什麼果。晚上我們坐在爐火邊時，我們不難察覺，儘管瑪果做盡了過去公認為是「對」的事情——工作、結婚、生子，然後完全放棄工作，好待在家裡照顧小孩，還有擔起家庭生活中其他無止無盡的職責——最後她卻一無所有。而賽希跟我背棄了家庭傳統，卻過得還不錯。我們有房子、有退休計畫、有銀行存款。

瑪果什麼都沒有。她需要一份工作。

三個月後，她找到工作了：在一間為有錢人做居家裝潢的裝潢公司量百葉窗的尺寸。薪水是一小時十五美元，一週工作四十小時。總結起來是一週六百美元，一個月兩千四百美元，一年將近兩萬九千美元，不含稅，就跟她三十五年前在八〇年代初期所賺的薪水差不多。一九八〇年代，另一個世紀。

但是工作包含健康保險，這算很好的條件。而且這工作她也很熟悉。她二十二歲在上東區一間知名的裝潢公司所做的第一份工作，就是量百葉窗的尺寸。當時的她對這工作還很興奮，當時的她剛起頭，深信未來充滿希望。

現在，將近四十年後，她又回到原點。

或者說她差點又回到原點，因為中年人生失常狀態決定再給她一次機會。準備去上班的第一天，早晨八點整，瑪果的電話響了。

「喂？」

「瑪果？」電話上是她弟弟。「潘妮姑姑去世了。」

親愛慈祥的潘妮姑姑。瑪果的爸爸的姊姊，沒結婚也沒生小孩，現在把所有的財產都留給瑪果跟她弟弟了。

而且因為潘妮阿姨一直在工作，所以在個人退休帳戶累積起一筆相當可觀的存款。於是瑪果得救了！至少她不需要去做那份量百葉窗尺寸的工作。

「真是奇蹟。」賽希說。

我們一致同意這是瑪果好心有好報。她總是人那麼好，總是在朋友有需要的時候伸手扶持，所以你看——這是世界給她的回報。

算是吧。那筆錢只夠用來在鄉下買一間小房子，開去最近的超市要二十分鐘。但是瑪果不在意，她說這樣獨居剛好可以讓她實現整天作畫的夢想。

但我有時候還是會擔心瑪果。我會問賽希，她在那裡會不會孤單？她都跟誰見面？她都跟誰一起打發時間？

我納悶瑪果是否對自己的生命感到失望，就跟我有時候一樣；納悶她是否擔心身為女人、然後沒有每件事都做對時而必須付出的代價，就跟我有時候一樣。

然後我會用幾世紀來總能安慰女性的那句話安慰自己：這都是人的選擇。彷彿我們真的能夠掌控自己的生命。

第七章
母親角色演練記

小男孩跟他爸爸將在一陣熱浪當中來到。

在沒有冷氣的家裡，我深吸一口氣，提醒自己不要生氣，不要惱火。不要老想著麥克斯承諾——承諾——他跟小男孩兩點鐘會到。

現在已經六點了。

電話響了，我一把抓起。是賽希。「他們到了嗎？」她問。

「還沒。」我咬牙切齒地說。「他們一個小時前才離開紐約。」

「我以為他們說早上就要出發了。」

「是沒錯啊，但是後來他們還要等帳篷來。」

「什麼？」

「帳篷。我今天早上才發現麥克斯**昨天晚上**才在網路上訂了帳篷。誰會做這種事啊？誰會在最後一分鐘才在網路上訂東西啊？他好幾星期前就知道要來了啊！」

「親愛的，男人就是這樣。」賽希安慰我，「如果在妳那有困難，妳可以把他們帶去凱蒂家，或是昆妮家。我們全都會幫忙。」

「多謝了。」我感激地吐出一口氣。

「他兒子叫什麼來著？」

我僵住了。「呃，某種冰島名字？」

「妳不知道嗎？」她不可置信地問。

「我想不起來了。」我說。他倆還沒到，我就已經開始覺得自己失敗了，就因為不記得那個孩子的名字。「他才八歲，而且不太講英文。」我找藉口。「但是我確定一切會很順利。」

「一切會很順利」是我最新的口頭禪。我已告別中年人生失常狀態，心態積極地繼續前進。我在做所有那些他們總叫熟男熟女去做的事。我「運動健身」、「飲食健康」，而且喝酒沒「喝太多」，我總是在粉紅酒裡加滿冰塊。而且我工作，一天五到六小時，從早上八點到下午兩點。

我很快樂。我很平靜。

因此，我的前男友之一——我們就暫時把他叫做麥克斯吧——打電話來，問他跟他兒子可否在我小村家裡的後院露營十天時，我答應了。

那孩子很想去露營，而麥克斯答應要帶他去露營。那孩子想在樹林邊露營，這樣晚上就可以看到動物；那孩子想自己捕魚吃；那孩子想睡在帳篷裡。

我說我的後院夠大，可以滿足所有的條件。我甚至有個類似「小屋」的建築——後院裡的老穀倉，穀倉裡新鋪了水泥地板，還接了電。而且那真的是個穀倉，所以下雨時會淹水。哪個小孩不想在裡面過夜？

我很確信自己招架得住這兩位訪客。我每天早上還是會工作，這時麥克斯可以跟他兒子好好享受親子時光。只是這整件事有個問題：麥克斯不會開車。他沒駕照，過去三十幾年都沒有，因為他總是住在大城市裡，習慣了搭乘公共交通工具。

「沒問題。」我說。「你們在小村裡不需要車，你們去哪都可以以騎腳踏車。你說你兒子幾歲？」

「八歲。」麥克斯說。我們同意八歲小孩想必會騎腳踏車吧？

我們把日期計畫好。但是就一如往常，我把這計畫推到一邊，直到約好的日子快到了才想起。

「他們真的要來嗎？」賽希問。

我聳聳肩。「誰知道？妳知道麥克斯這個人，他有可能最後一分鐘又改變主意。」

麥克斯對於生活中的規則抱持非常放任的態度。他五十五歲，從來沒結婚，似乎也沒在工作。「他的錢從哪來？」還有「他做什麼工作？」都是我無法回答的問題。從他的訊息與偶爾寄來的電子郵件看來，他總是在環遊世界，跟娃娃臉的科技產業億萬富翁一起參加各地的火人祭。

妳想去非洲的火人際嗎？他曾傳訊息問。

不，謝了！我傳回去。**要工作。快交稿了。**但是祝你玩得開心！

每次朋友問起像麥克斯這樣的男人怎麼會有小孩時，我總是有點難堪，尤其是他並非「有意」有這個小孩。

麥克斯是那種從來沒過過傳統生活的人，而且對此也直言不諱。他跟他父母說，他不相信婚姻，也不想要小孩。他知道自己的個性與生活方式並不適合養育幼小脆弱的寶寶。

但是麥克斯還是成為爸爸了。他在義大利一場派對上認識一位冰島女子，接下來五天兩人不停地做愛。兩個月後，她打電話給他，告訴他四件事：第一，她懷孕了；第二，她決定把小孩生下來；第三，她會養育這個小孩；第四，他不需要盡任何責任。

六年過去了。六年來，這兒子在這個北歐小國長大，只講冰島話。偶爾麥克斯會聊起他兒子。「你見到他了？」我會有些吃驚地問，「他怎麼樣了？」

「他過得好像還不錯。但是跟我沒辦法溝通，他不會講英文。」

那小男孩的生活很單純。他有個同母異父的妹妹，這妹妹的父親跟麥克斯完全相反——是當地的漁夫。小男孩很多時間都在戶外度過，他很有可能最後也會成為當地的漁夫。

但是有一天，那女子決定為自己跟孩子追尋更好的生活。她帶著所有的存款，搬到曼哈頓的上西區。她成功地成為不動產經紀人，月薪兩千五百美元。

這薪水足以過活。

但是因為她住在紐約市，一個麥克斯每年會待上幾星期的地方，麥克斯開始更常看到兒子。而現在，五十五歲、完全沒有過育兒經驗的麥克斯，嘗試摸索著成為父親。

我決定幫他。畢竟他是真的在努力，我當然應該鼓勵他。我跟朋友解釋說，這就是為什麼我決定協助麥克斯完成跟兒子一起露營的夢想。

但不是每個人都相信這說法。

「妳不覺得有點奇怪嗎？這個陌生女人居然讓自己的小孩住在妳家？」媞爾達．提亞問。她指出，身為母親，她絕不會讓自己八歲的小孩住在一個她從沒見過的女人家裡。

我沒生小孩，所以我不知道。但是我可以想像，在某些情況下一個母親是有可能把小孩送走。比如說在《阿爾卑斯山的少女》裡。

「這又不是《阿爾卑斯山的少女》。」媞爾達．提亞兇巴巴地說。「而且，妳連麥克斯的女朋友也不是。」

「也許就是因為這樣。」凱蒂說，「這樣她就不構成威脅。」

「妳到底知不知道妳給自己惹來了多大的麻煩？」媞爾達．提亞真的像個童子軍老師。她住在凱蒂家時，總是會去超市買菜、煮飯，斥喝著凱蒂其他的房客收拾房間。

她說的沒錯。我不知道我給自己惹來了多大的麻煩，但是我已經答應了，也做好了準備，深知各種事都有可能發生，而且大概也會發生。由於我自己沒小孩，我猜想這趟歷險至少也可以當成某種研究。

此刻我拿起手機，查看時間跟天氣。這波熱浪即將引起豪大雷雨，就在一個小時左右後。恐怕不會是搭帳篷的好時機。因為……有觸電的危險。

我傳訊息給麥克斯：**你們在哪？**

小男孩跟他爸爸最後終於在晚間十點坐著 Uber 抵達時，我真想說我就高興得像個桃樂絲．黛飾演的家庭主婦一樣，但我不是。我很氣惱他們比預定時間晚了好幾個小時才到。

但是客人到來就像生小孩：你太高興看到他們了，所以立刻就忘了之前等待時有多煩躁。為了顯示家教良好，爸爸馬上要小男孩去浴室。我則把他們的東西從車道搬進客廳。當我環顧四周想找地方放小男孩的行李時，我突然領悟媞爾達．提亞說的沒錯。我的立場是有些尷尬，我不是他媽媽，然而他現在要住在我家；他爸爸不是我男朋友，然而他現在也要住在我家。

但是另一方面，嚴格說來他們並不是住在我家。他們會在後院露營，在穀倉裡玩耍。他們會有他們自己的空間，我會有我自己的時間。

問題是即將來臨的雷雨。雷雨期間，睡在帳篷裡不只不舒服，還很危險。但是那小男孩無意待在屋裡，他爸爸答應說要給他一個帳篷的。所以當麥克斯跟我對著小男孩說穀倉樓上地方夠大可以搭帳篷時，他也無動於衷。住在穀倉裡更酷，蚊蟲更少，而且不用吹風淋雨。而且穀倉樓上還有一台小空調！都沒用。小男孩說什麼都不肯，他開始命令他爸爸搭帳篷。我想幫忙，但是被小男孩趕走。

我回到屋裡，為自己倒了一杯粉紅酒加冰塊，然後恭喜自己的運氣。顯然那小男孩自有計畫，而計畫裡並不包含我。

這表示我跟小男孩的關係會很簡單：我只是某種野營輔導員或 Airbnb 房東。

第二天

隔天早上我醒來時，家裡一片寂靜。麥克斯跟小男孩坐在沙發上，安靜地翻看小男孩的袋子。

我為自己泡了杯茶，加入他們。麥克斯在帳棚裡睡得不好，早上六點鐘時，他跟小男孩就起床了。他倆已經走路去小吃店買東西吃，桌上油膩膩的紙袋跟包裝就是明證。

「給妳的。」麥克斯說，一邊遞給我一個信封。

「這什麼？」我問。

「一封短箋，葛洛媞絲寫的。」

「誰？」我問。

「葛洛媞絲，他媽媽。」麥克斯沒好氣地壓低聲音說。

噢，沒錯，葛洛媞絲。

「親愛的坎蒂絲，」短箋上寫道，「謝謝妳幫忙照顧我兒子。我知道這對他來說會是個畢生難忘的經歷。」

哇，真感人。看吧，媞爾達．提亞，我真想說。這媽媽把兒子交託給我咧，我不知道她為什麼信任我，但是也許她有那種母親的直覺，知道小男孩待在我身邊只會有好處。

他爸爸跟我翻看他的衣物。「他怎麼只帶兩條短褲？」我問。麥克斯聳聳肩。「我猜是葛洛媞絲沒多少錢給他買衣服吧。」

我也許對小孩了解不多，但是對衣服我絕對瞭若指掌。在這個情況下，我非常清楚該怎麼辦。麥克斯該帶小男孩去買衣服，而我會一起幫忙。

幸好小村主街上有很多童裝店。而且我第一次注意到，還有很多小孩子，還有家長，一家一家的人。我加快腳步跟上麥克斯跟小男孩，心裡納悶如果麥克斯跟我結婚了，有個小孩，他們就是我的家人，我的生活會是什麼樣。是有點難以置信，但不是絕不可能，我心想，一邊跟著一對四十出頭、年輕貌美的父母及他們可愛的小孩，走進衝浪店。如果這真的是我的生命，我會更快樂、更滿足嗎？

麥克斯想必認為買衣服是「女人的工作」，因為他一進店裡就在沙發上坐下，舒服地靠在靠枕上，開始傳訊息。我不在意。麥克斯如果來插手，恐怕只會使一切更複雜。再說，我比他更了解時尚。

「嘿，你看看這件。」我邊說邊拉出一件黃色的T恤，想把小男孩吸引到掛著各色衣物的圓形旋轉衣架來。他只是站在那瞪著我看，一臉茫然。

「好吧，」我開心地說，「那要不要看看……球鞋？」

又是那表情。彷彿他根本不知道我在講什麼，不知道我為什麼跟他一起在店裡。那表情就像在說：「妳不是我媽咪。」

一點都沒錯。我連他爸爸的女朋友都不是，我沒權管他，我倆都心知肚明。

還好這時店員走過來拯救我。「真可愛的小男孩，」她驚叫，「他穿幾號衣服？」

有一刻，我很得意她認為我還年輕到可以當小男孩的媽媽，但是接著我便想起，真的媽媽會知道兒子的衣服尺寸。如果我說我不知道，她就會以為我是那種壞媽媽，對自己的小孩一無所知。

我得放棄這詭計。我把她拉到一邊，對她說：「我不是她媽媽，其實我這輩子只見過他一次，他爸爸一年也只見到他一次。而且他不太會講英文。」她當然懂我的意思。謝天謝地，因為後來我才發現，逛街購物是小孩無法自己完成的眾多任務之一。

當然，我不認為自己能夠獨立應付小男孩跟他爸爸。畢竟，就連真有小孩的人也需要別人的幫忙，不是嗎？有時候，這些有小孩的人出遊時，還會帶著保母。

在一個有錢人的派對上，有人就建議我這一點。但是我也表示，雖然這是很好的想法，但是麥克斯跟我請不起保母。就算請得起，也沒地方收容她，我們不能讓保母睡在一個小帳篷裡吧。

幸好我有很多朋友願意幫忙。她們就跟媞爾達．提亞一樣，深信這兩人的來訪最後終會成為災難一場，而我必須被人拯救。

我從小開始就缺乏「母性」。小時候，如果住家附近有誰生了小寶寶，所有的小女生會跟著媽媽去看小寶寶。小寶寶的媽媽會把小寶寶抱起來，交給其中一個小女生，然後大家會開始柔聲哄寶寶，把寶寶傳給下一個人，但是輪到我時，我會拒絕抱寶寶。除了因為我覺得抱著別人的寶寶很可怕——萬一我沒抱好讓寶寶掉下去怎麼辦？——我還覺得這舉動是在灌輸我們相夫教子的觀念。

那個年代，會抱寶寶的女生最後總在抱著寶寶。如果你「對小寶寶有一套」，大家就會找你去當保母。

我可不幹。

這就是為什麼我所有的朋友都自願來幫忙我扮演媽咪的角色。昆妮跟凱蒂兩人家都有游泳池，說我們下午可去她們家玩，甚至幫忙看小孩。賽希承諾說會跟小男孩去「運動」，像是打羽毛球跟打橋牌。

只不過，理論上當個壞媽媽是一回事，但是在真實生活中當壞媽媽又是另一回事。即使妳根本不是真的媽媽。

其實大多數的女性，無論自己有沒有生小孩，如果有個沒媽的小孩在附近，似乎都知道該怎麼辦。像是如果有個小孩到妳家，妳馬上會請小孩喝水喝飲料，會帶他去浴室洗手，會給他吃餅乾。妳會把他當成好萊塢拍片現場的監製人對待。

我們去昆妮家游泳時，就是這種情況。昆妮是公認的辣媽，小男孩立刻就喜歡上她。她帶小男孩去浴室洗手時，我的朋友開始痛斥我。

「妳為什麼沒跟我們說他這麼可愛！」賽希說。

「妳怎麼會不記得他的名字？他是個人耶。」凱蒂責備我。

「嘿，我不想操之過急，我想尊重他的界線。如果他記得我的名字，我就會記得他的名字。」我嘗試跟她們說明我的野營輔導員理論，但是沒有人相信我。

「就連野營輔導員也會記得野營員的名字。這是這工作的一部分，親愛的。」瑪莉蓮說，彷彿我腦筋有問題。

幾秒鐘後，昆妮牽著小男孩的手悠然走到露台上。昆妮看起來光鮮亮麗、滿足愉快，小男孩也是。他看起來很快樂，而且很輕鬆。這一整天頭一次，我也放鬆下來。

但是沒放鬆多久。小孩子還有一個特點，就是你不能只娛樂他們幾分鐘，然後就讓他們自己去玩自己的。你也不能只娛樂他們幾分鐘，然後就自己去做**你**自己的事。這樣行不通，這可不是雞尾酒會。

你得**一直**娛樂他們。

昆妮深知這一點，畢竟她自己有小孩。她問小男孩會不會游泳，然後就跟他一起在游泳池裡游。

每個人都為昆妮跟小男孩照相。昆妮稱讚小男孩有多帥、多乖巧，我們都同意昆妮是我們大家當中最稱職的媽媽，她對小孩有一套。但是接著昆妮被她真正的女兒叫進屋裡，於是瑪莉蓮接手。

瑪莉蓮在澳洲的海邊長大，她使小男孩活躍起來，使他開始用結結巴巴的英語談起自己住在冰島的海邊，談起那兒的冬天的多寒冷，而且整整兩個月天都是黑的。這期間瑪莉蓮一直坐在大太陽底下，好讓小男孩坐在陽傘下。後來瑪莉蓮熱得受不了，跳進游泳池。於是小男孩開始坐在凱蒂懷裡聽賽希講故事，凱蒂也是個母親，二十幾歲時就成了單身媽媽。

那這麼多女人在照顧小男孩的這段時間，麥克斯在哪？他在昆妮開了空調的房子裡，坐在沙發上打盹。

一陣子之後，小男孩開始覺得無聊了。賽希給我使了個眼色，表示輪到我來娛樂他了。

「嘿，」我說，一邊把他拉到旁邊。

「什麼事？」他問，臉上露出一個真誠的大微笑。

「你想學會潛水嗎？」

「怎麼潛水？」

「就像這樣。」我如當年在游泳隊一般跳進游泳池，當時我也是個八歲孩子。

奏效了。小男孩終於想跟我一起玩了。

我只能說：他學得很快。四十分鐘左右後，他就學會跳水潛進泳池。他有恆心、有毅力，而且不抱怨。

也許我還是能夠成功扮演起保母或野營輔導員的角色。

第三天

為了解決交通的問題，我決定該是讓小男孩坐上腳踏車的時候了。

我本來希望能一大早就辦完這件事，這樣之後我還可以工作。我的計畫是直接開去腳踏車店，讓麥克斯跟小男孩下車，然後回家。

但是一坐上車，我就發現麥克斯跟小男孩還需要一大堆其他的東西。本來應該只出門三十分鐘的，現在至少會花上一小時。

我們在體育用品店停留了二十分鐘，就釣魚竿爭論了一番，最後空手而歸。接著在超市裡，我們買了各種我永遠都不會吃的東西，像是棉花糖、水果丁，還有洋芋片。一想到這些額外的食物全要塞進我的小廚房，我就開始有些惱怒。

最後我們終於到達腳踏車店。小男孩似乎不太願意進店裡，但是我提醒自己這不是我的問題。我不是他媽媽。

我一個人待在車上，把手伸到後座，抓過來一袋洋芋片。有幾分鐘，我就只是坐在那裡吃洋芋片，享受片刻的清淨。

「坎蒂絲？」麥克斯邊喊邊從腳踏車店快步走出來。

「怎麼了？」我傾出車窗。

「我們有困難。」他停頓一下，「妳得進來一下。」

店裡的氣氛很奇怪。小男孩站在角落裡，垂頭喪氣，像是想躲起來一樣。可憐的小孩。原來是他根本不會騎腳踏車，但是他不想告訴他爸爸，因為他不想讓爸爸失望。

這是很令人心碎，但是這也表示以後他們要去哪都得我開車送，而這不是當初的計畫。我得想辦法解決這個問題。

「也許他可以學會騎腳踏車。」我建議。

我指出這是一個難得的機會，畢竟我家附近的環境非常適合學習這個能夠改變一生的技能。我家對面就有座公園，屋子後面還有條死巷子，附近的消防站則有一座超大的停車場，有足夠的空間可以練轉彎。初夏時，我自己就在那裡練習過。

「爸爸？」小男孩顯然覺得這建議很讚。「你可以教我騎腳踏車嗎？」

「當然了，兒子。」麥克斯說。

成功了。

是嗎？顯然當你嘗試為自己的孩子做什麼時，一切都沒那麼簡單。那間腳踏車店沒賣有輔助輪的腳踏車，所以我們得在網路上訂一輛。這就得花更多時間了，我開始焦慮起來，因為我被迫忽視我生活中的其他部分，那些不包含麥克斯與小男孩的部分。我跟麥克斯說，明天早上我一定得完成一些工作，所以他得自己想辦法跟小男孩找事做，讓我有三個小時的時間專心工作。

「好啦。」麥克斯說，一邊翻了個白眼。

「麥克斯，我不是不禮貌，我很高興你們來訪，但是我真的還有工作要做。」

「妳總是有工作要做。」他不滿地說，彷彿這可能就是我們十五年前分手的原因。

我忍住反駁的衝動。一想到寫作的工作，我就感到心痛無助，就像是自己的寵物生病了那樣。我寫的書快截稿了，但是至今寫的內容我還是不滿意，這表示我必須花更多時間在這本書上。

而且我需要這筆錢。

我不想告訴麥克斯，我的房子沒整修，是因為我付不起。而且照目前的情況看來，我恐怕永遠都付不起。

而我鐵定也不想告訴麥克斯，我總想像自己三十年後還一人住在這棟沒整修的房子裡，依舊穿著我現在穿著的衣服——而這還是好的幻想。

然而，我還是感到內疚。

第六天

有輔助輪的腳踏車到了！

腳踏車店裡的人神奇地把腳踏車組裝起來了，然後三分鐘內，根本不需要爸爸幫忙，小男孩就騎著腳踏車馳騁在停車場上了。

看他那臉上的笑容。我可以說他笑得合不攏嘴，但是這麼說還不夠。這是一個使一切付出都值得的笑容。所有的混亂、所有的操勞，得餵飽、娛樂、看顧、還有最重要地總不自主惦記著這個小不點，這一切所帶來的不便，都值得了。

當你看到孩子臉上那開心的表情，告訴你他**做到了**——再也沒有比這更美的畫面了。

你會知道你活過了。

然後就像真的父母一樣，我跑回車上，抓起手機，錄下那重大的時刻。

第七天

人們說，有小孩會使你成為更好的人，而就如同我希望的，麥克斯開始變得更好了。發現自己的兒子學起東西這麼快，麥克斯決定讓小男孩學會更多技能，例如釣魚、打網球、交朋友，還有把讀英文的能力加強到高一年級。

為了證明這一點，麥克斯跟小男孩騎腳踏車去小村中心。他們帶回來一堆羅爾德．達爾寫的童書，還有剪刀跟色紙，用來做立體模型。然後——老天保佑——把所有的東西帶去穀倉。

半小時過去了，屋裡突然好空蕩。我好奇起來，決定去看看他們到底在做什麼，也許還能給他們出點建議。

他們把我趕出來。他們不需要我。

我領悟到這就是自己沒小孩的現實之一。沒有人需要你。當然啦，你的狗跟你的朋友需要你，但是不太一樣。

再想遠一點，你死的時候，誰會傷心欲絕？沒錯，你的朋友會感到傷心，但是沒那麼久。而且朋友雖然通常都樂意去參加你的葬禮，但是可不一定想籌備你的葬禮。最後，你該把你的個人退休帳戶留給誰？假設你夠幸運，還有個人退休帳戶的話。

那天晚上準備上床睡覺時，我想到麥克斯，想到他的生命突然有個目的：他兒子。

我閉上眼睛，納悶自己是否錯過了什麼。

於是隔天早晨，麥克斯開始談起他的計畫，談起他和兒子在一起有多開心，還有如果他們可以再多待幾天會有多棒時，我立刻答應了。

第十天

「老兄，快開吧！」我對著前方緩慢前進的車子低聲咒罵。為什麼？噢為什麼我又坐在車裡了？

我坐在車裡，是為了小男孩。他要去小村私立學校的校園參加運動夏令營，騎腳踏車去太遠了，於是我開車送他去。當然還有麥克斯。

小男孩不麻煩。麥克斯就不一樣了。他不停地在講得去加州參加一場愚蠢的火人祭主題婚禮，說他得扮成北極熊，但是還沒在亞馬遜上訂服裝。

我深吸一口氣，望向車外，看暑期班的孩子展開這一天。有時候他們會放氣球；有時候他們會戴面具；今天他們則是演奏樂器。學校高大的玻璃窗上掛著的布條是一片歡樂的紫色、綠色與橘色。

那些小孩跟少數的大人都在開心地拍手。

「為什麼他們總是這麼開心？」我問。

「什麼？」麥克斯說。

「對啊，」小男孩說，「爸爸，為什麼他們這麼開心？」

與那些家長跟他們的小孩相比，我跟麥克斯根本就像一團廢物。麥克斯現在總是穿赤足鞋，還有前晚睡覺穿的T恤；我穿著沾了食物油漬的短褲，加上寬鬆褪色的釣魚上衣，也沒好到哪裡。

因為這樣比較簡單啊。

中年未婚家庭主婦的樂趣已遠逝：在農夫小攤思考綠葉蔬菜的寧靜時刻；在海灘遛狗散步，找尋完美的亮橘色貝殼；喝酒喝到茫，隨著流行音樂起舞。總之，我該去做所有內省、健康、有益、中年人該去做且有助再活上三十年的事情。因為你現在理當真有時間來養育自己，畢竟你不需要養育小孩。

我突然從白日夢醒來，想起我還有跟手臂一般長的清單，列著要做、要買、要修理或清理的事物。

但是我最大的擔憂是小男孩。儘管小男孩跟我不親近，不太跟我說話，而且我很確定小男孩根本就不是很喜歡我，我還是有義務保障他的**安全**。最重要的事情是，我得確保他玩得開心。

不知如何，我開始發展出「媽媽的頭腦」。比如說兩天前，他早上在釣魚營，中午我們去碼頭接他時，我突然發現自己在觀察其他的小孩。他們喜歡小男孩嗎？他們會跟他互動嗎？還是他都孤單一人？

我的天啊。他有朋友嗎？

我注意到，小男孩似乎跟其他的小孩不一樣。他不只是個子瘦，他的舉止還使他看起來沒那麼有教養。也許這是因為他的衣服都是爸爸在洗，他身上的衣服皺巴巴的，是一整晚都留在烘衣機裡造成的。

我再一次打量其他小孩，心想，那又怎麼樣？至少小男孩很聰明，而且學得很快。他已經學會騎腳踏車、打網球、潛水跟釣魚。如果我們是一家人，住在野外，這小男孩會很有用。小男孩參加釣魚營時，每一天還至少帶回來兩隻魚餵飽他的「父母」。

請告訴我，有多少小孩做得到這一點？

第十二天

好幾個包裹送來了。麥克斯把包裝劃開，開始把粒狀的包裝材料裝進一個又大又重的沙拉碗。我不會用沙拉碗來裝包裝材料，但是我什麼都不說。我刻意只注意這爸爸有多體貼，而且正在教兒子。我提醒自己，我正耳濡目染在享受快樂的家庭生活，同時祈禱我自己的生活不會崩潰解體，因為我沒如期交稿，而且越來越接近赤貧狀態。

我靠過去，看麥克斯從中取出一樣東西，舉起來。「兒子你看，」他說，「一個盆景。」

「什麼是盆景？」小男孩問。

「盆景就像是顆侏儒樹。你知道侏儒就是長不高的人吧？盆景就是同樣的東西，只不過是樹。」麥克斯說。這也不是我會用的詞，但是我已經學會不要在小男孩面前批評麥克斯。只要我稍微有一點點像是在批評麥克斯，小男孩就會很生氣。

昨天，我在洗一個骯髒的烤盤時，麥克斯正忙著把酒精澆上梅子塊跟桃子塊。這時我犯了一個錯，也就是說他好奇怪。小男孩立刻不滿起來，示意要我跟他走出屋外。

「怎麼了？」我問。

「不要這樣說我爸爸，我爸爸不奇怪。」

「奇怪是不好的事嗎？我以為奇怪是好事呢。」我說。

小男孩一臉懷疑地看著我。「你說我爸爸是怎麼樣的人？」

我立刻猜測這問題是個陷阱。「嗯，他常常在旅行，所以我猜他就有點像 007 吧。」

沒反應。然後：「我爸爸是書呆子嗎？」

「我覺得你可以說他有一點點像書呆子。」

「書呆子是好還是不好？」他問。

「算好事。」我試圖讓他放心。

「那你為什麼不說我爸爸是書呆子，卻說他好奇怪？」他厲聲問。

這小孩真難倒我了。

麥克斯跟小男孩繼續打開訂來的包裹時，我拿起彩色鉛筆跟一疊白紙，開始畫我的貴賓狗。小男孩後來無聊了，便走過來看我在做什麼。然後他開始畫起一隻駱駝。屋裡一片寂靜，只聽得到鉛筆畫在紙上的聲音。我發覺這樣真好。安安靜靜地坐在客廳裡畫圖，真好。

如果我有小孩，我會不會試著去加強自己的繪畫技巧？我把畫了貴賓狗的紙揉成團，開始試著畫一隻馬的頭。

一邊畫的時候，我一邊在想，如果我、麥克斯跟小男孩像這樣一起度過更多時間，會是什麼樣。而小男孩的媽媽對這情況到底又怎麼想？畢竟我只是麥克斯的前女友。她會不會擔心我跟麥克斯舊情復燃，然後收養他的小孩？

「她漂亮嗎？」我曾問麥克斯。

「誰？」

「他媽媽。」

麥克斯聳聳肩。「她是那種冰島人的漂亮。冰島人都很漂亮。」

我問出她的姓，在網路上找到幾張她的照片。不出所料，她美到爆。

我又拿起一張紙，嘗試速寫小男孩的側面。

他靠過來看我在畫什麼。「這是我嗎？」他氣惱地問，「妳把鼻子畫太大了。」

「啊，你說的沒錯。」我坦承，「我沒把比例弄對，對不起，好嗎？」

小男孩嘆了口氣，我也嘆口氣。我回到書房，小男孩回到他爸爸身邊，恐怕是要跟爸爸抱怨我。

第十四天

前一晚的大雷雨把營地都浸濕了。連穀倉也淹水了，表示我得用各種掃把把水掃出去。這又是一個基於某種原因只有我才能搞定的艱鉅任務，而兩個男人得搞定他們的帳篷。

掃完水後，我回到屋裡。

驚喜！麥克斯為我們做了美味的培根生菜番茄三明治，還多做了幾個可以晚點再吃。他真的是個好爸爸。一邊吃三明治的時候，我們聊起昨晚的大雷雨，麥克斯嘗試跟兒子說明電的原理。

我露出微笑。吃完後，麥克斯說讓他來清理廚房，這樣我就可以寫作。

我清靜了十分鐘。

「快過來！」麥克斯大喊。

「怎麼了？」我驚叫，驚慌地跟著他跑到屋外。「怎麼了？」

麥克斯把帳篷的門掀起來，我往裡瞧。帳篷不防水，滿地都是濕掉的衣物，表示要花整整一個早上洗衣服了。

「好，沒問題！」我故作輕鬆地說，決定扮演積極樂觀的野營輔導員。「你們就把全部的衣服都拿出來，搬到門廊上，然後我就可以開始洗。」

麥克斯瞪我一眼。他說他正想利用這個機會跟兒子說明閃電跟露營安全，我應該走開。

三十分鐘後，我去屋外看他們進展如何。他們什麼都沒做。我不知道他們整個時間都幹了什麼，但是絕對不是把濕衣服搬到門廊上。

「嘿，」我說，「你們可不可以開始啦？」

麥克斯突然開始發脾氣。「我不知道妳這裡像工廠一樣！我正在跟我兒子討論事情。」

「你要跟兒子討論事情當然沒關係。」我反駁，「但是我剛好還有四批衣服要洗！」

我滿腔怒火地衝回書房。

小孩跟男人有很多共同點。比如說，開始了一件事然後不做完，留下一攤凌亂要別人收拾。還有，不懂得「凌亂」是什麼。

其實這一切也許都沒關係，除非你在男女關係裡扮演照顧的角色。也就是說你就像媽媽一樣，清理、收拾，不吭一聲，把別人跟他們的需求擺在第一位，就算——而且尤其——他人的「需求」迫使你花更少時間在自己的需求上。

換句話說，你已經志願把自己變成二等公民。什麼是二等公民？一個誰都沒想到要感謝的人，一個得去做所有粗活的人，而且被視為理所當然。就我看來，女性應該從男性主宰、賣花、利用女性溫情大賺一筆的公司手中把母親節奪回來，回歸到真實母親的手中。母親們真的需要實際的幫助。

在心裡咒罵了麥克斯五分鐘後，他把一堆濕衣服拿進來，幫我一起丟進洗衣機裡。

我提醒自己深吸一口氣。一切都會很順利。

走回書房的路上，我看到麥克斯把多做的三明治留在桌上了。我偷了一小塊培根吃，心想也許今天還是會很美好。

我清靜了三分鐘。

「噢，不會吧！」麥克斯大喊。

「怎麼了？」我邊叫邊跑出去。

「妳的狗把我的三明治吃掉了。」

第十五天

真的已經到月底了嗎？這麼長的時間是怎麼過去的？這麼多的情緒又是如何出現的？

一個陽光普照的週日下午兩點，我跟麥克斯戰戰兢兢地坐在看台邊，等著小男孩領取運動夏令營的獎盃。我看得出來其他家長都是看比賽的老鳥了，他們成群地坐在看台中央，而且不只知道自己家小孩的名字，還知道別人家小孩的名字。如果我有小孩，我猜我的生活也會是如此吧，坐在綠油油的運動場邊，頭上戴頂棒球帽，身為一家人的一份子。在場的家長看起來人都很好——不知為什麼，小孩會使大多數的成年人守規矩——但是也比我跟麥克斯都至少年輕個十歲，臉上的表情仍充滿希望，深信這一切終會有好結果。

我跟麥克斯猶如鶴立雞群。我們不知道該坐哪。也不知道該做什麼。

我自己沒小孩，但是我猜真正的父母沒有這種問題。我羨慕他們的生活有個固定的模式。也許稍嫌易於預料，但是也令人安心。因為如果你有小孩，你就知道該怎麼過你的生活，知道接下來該發生什麼事，還有，什麼時候。

如果你沒小孩又單身，就沒有固定的模式。你不知道這條路該怎麼走下去。於是，等著教練喊出小男孩的名字時，我緊張到不行。

如果他最後才叫小男孩，怎麼辦？如果他忘了小男孩，根本不叫他的名字，怎麼辦？如果還沒輪到小男孩，獎盃就發完了，怎麼辦？我的心一定會碎了。

我覺得我得跟教練談一談，我覺得我得提醒他一下。

「嘿！」我大叫。

「嘿，」麥克斯輕輕推我一下，「妳不是要錄影嗎？」

第十七天

小男孩跟他爸爸在一個星期二坐著一輛破舊的灰色廂型車離開了。開車的人是本地一個計程車司機，我心想這車可能開不到紐約市，但是就一如既往，我是唯一擔心這個問題的人。反正我們也別無選擇。他們需要足夠的空間裝腳踏車跟帳篷，還有做完的立體模型，還好麥克斯跟小男孩事先把模型巧妙地裝進紙箱了。

他們把東西裝上車，關上門。我站在門階上看著廂型車小心倒車，駛離門道。我揮揮手，但是沒有流連太久。

我直接進屋坐到電腦前，看我為小男孩錄的影片。

那些影片令人耳目一新。這場假期似乎完全達到麥克斯跟我的期望。我家後院看起來真的像個野營地，有兩個帳篷、兩座木炭烤肉架、一個羽毛球網。小男孩在凱蒂家前的海灣上跟其中一隻貴賓狗一起學立槳衝浪（SUP）；小男孩在碼頭，剛從漁船下來，展示著那天釣到的兩條大魚；還有最後，他沿著運動場邊走去領取足球營的獎盃。

你可以看到小男孩真的很**快樂**。他在笑、在開玩笑。他玩得很開心。還有麥克斯。我親愛的麥克斯，他也玩得很開心，他自豪地兩手插腰站在那，看著小男孩第一次不用輔助輪，一路騎到街底。

我納悶小男孩會不會記得我。也許不會。但是如果他真的沒忘了我，我會是那個他學會騎腳踏車那年夏天招待他住宿的怪阿姨。

誰在生命裡不需要這樣的人？

我用小男孩的名字——達格瑪——為這些影片檔案命名，然後按下儲存。

第八章
新男友現象

瑪莉蓮跟我有男朋友了！

其實有點像奇蹟。在遇到我們的新男友前，我們自認是頑固的單身女子。我們無法想像跟男人在一起，也自豪不需要男人。當然，有時候我們會有點小難過——難不成我們此後一輩子都要一個人上床睡覺嗎？——但是接著，就跟所有善良明智的女人一樣，我們會提醒自己，有張床，就算很幸運了。

而且不只是有張床，還有自己的房間，自己的房子。

我們並不期望男人出現在未來，所以我們也沒刻意在找。我們推掉朋友的撮合，也不去酒吧跟餐廳認識男人。大多時候，我們都在凱蒂家，聊聊自己如果有錢，會怎麼整修房子。

也就是說，我們基本上已把認識男人的機會減低到零。

但是沒關係。因為我已經稍微研究過有哪些男人可能是成為我們的男朋友的候選人，而這些男人恐怕條件都不怎麼好。特別是跟我們年紀相仿的男人。

問題似乎在於，跟小鮮肉不同的是，中年男人往往依舊認為熟齡的女人並不那麼有魅力，尤其是這些男人很容易就找到更年輕的女人，而且還是急於與他們重新展開家庭生活的女人。

突然單身性感男

比如說「突然單身性感男」。跟主動提出離婚、而且通常已有新女友的男人不同的是，突然單身性感身是身不由己地成為單身。可能是他老婆去世了，或者他老婆有外遇或是愛上別人了。也有可能只是厭倦了他，連一天也無法再忍受聽他講同樣的笑話，更別說三十年了。總之，他已經單身，或是即將單身，但是不會單身很久。

所以你看，突然單身性感男其實沒做錯什麼。而且還相反，也許他做對，還做得太多了。凱蒂在一次藝廊開幕遇到哈羅德時，就發現到這一點。

凱蒂已經很多年沒見到哈羅德了，但是一眼就認出他。他一頭時髦的都市髮型，有一些白頭髮，但是臉孔幾乎沒變老，而且他在藝術界仍有個重要的職位。他提到自己也離婚時——或者即將離婚——凱蒂無法相信自己有多幸運。好幾年前他們還在同一個圈子時，凱蒂曾偷偷暗戀過他，但是後來兩人就失去聯絡了。現在，他們又相遇了。

這一回兩人則是拿手機跟彼此展示小孩的照片。凱蒂的女兒三十幾歲，已經結婚，但是哈羅德的女兒還是個小孩，一個甜美可愛的十歲女孩，名叫艾格妮絲。凱蒂突然充滿母性，她突然發覺自己不會介意像個媽媽去照顧一個這麼漂亮、而且顯然充滿個性的小孩。

兩人離開畫廊去別處喝杯酒時，凱蒂猜想自己的運氣是不是終於要變好了。

哈羅德顯然也有興趣。在酒吧裡時，他想強調什麼時，總不斷用手指去碰她的手。晚上道別時，他吻在她的嘴唇上。

當天晚上，凱蒂躺在床上，幻想她跟哈羅德會相愛、結婚，然後如此一來，她就可以跳過中年人生失常狀態的所有問題。為什麼好運不應該降臨她呢？為什麼她不能安然無恙地度過這場中年約會危機，直接進入一場美好的戀情？

不過傳了三次訊息、打了兩次電話給哈羅德之後，凱蒂後來沒再聽到哈羅德的消息。六個月後，她又在一場藝廊開幕典禮遇到他。但是這一次他有女伴，那女伴也一頭時髦的都市髮型，看起來很年輕，臉上沒有一絲皺紋。凱蒂覺得這女人不可能超過二十五歲。

於是，她看看哈羅德、然後看看那女伴，脫口而出就問：「你們倆怎麼認識的？你們是親戚嗎？」她假設那女人是哈羅德的姪女。

那年輕女子瞪了她一眼，說：「我是他的未婚妻。」

女伴走開後，哈羅德跟凱蒂說沒關係。說他的未婚妻看起來像個青少女，但實際上已將近四十。然後他眉開眼笑，跟凱蒂說他快要當爸爸了。

這就是突然單身性感男的問題。無論他在年紀上有多合適，無論你條件有多好，在短短的時間內，他通常不只有了新女友，還有一個新家庭。

老到可當爸爸型

突然單身性感男的現實可能會使一些女人想到用「按牌理出牌」的方式來贏得賽局，也就是說跟比自己大十五、二十、甚至二十五歲的男人約會。也就是如果你已經身處中年，那麼得跟七十、七十五、八十歲的男人約會。

你可能不曾想過有多少這般年紀的男人在「約會」。但是如果仔細考慮一下人口分布，以及有多少的嬰兒潮世代現在已邁入老年，你就不難理解為什麼有這麼多六十、七十、甚至八十幾歲的男人表現得還像三十五歲一樣。

在一對六十出頭的夫婦舉辦的派對上，我就遇到一個這樣的男人。派對上有許多五十出頭的單身女性，還有兩、三個「超熟齡玩家」。超熟齡玩家就是有錢有勢的老年單身男子，也就是說他們有足夠的錢，成為他們的價值條件之一，而且往往仍稍微涉足過去一度曾投身的成功事業。在派對上，我一定是跟其中一個這樣的男人聊過天，因為幾天之後，派對主人隆恩打電話給我，說一個名叫阿諾的傢伙想跟我約會。

隆恩很興奮，而且對我欽佩不已。他說阿諾是個大名人，他真的很敬佩他。他以前在常春藤名校踢美式足球，曾是個石油大亨與媒體寵兒，公園大道所有的貴婦總邀請他去她們的派對。他廣受歡迎。

我覺得我記得那傢伙：一個高大粗壯戰斧型的男人，年紀絕對太老——至少對我來說太老。

「他年紀多大？」我問。

「比我大一點，」隆恩說，「六十八？」

這些男人常常謊稱自己的年齡。他們會含糊其辭，忘了世界上還有一個可以查出真相的裝置：網路。不出所料，我在Google上找到他時，發現他其實七十五歲。

這使他更接近我爸爸的年紀。我爸爸八十三歲，阿諾只比他年輕八歲。但是兩人南轅北轍，我爸很保守，阿諾顯然不是。根據隆恩的說法，阿諾過去是個惡名昭彰的狂野小子，不時出沒夜店54俱樂部。就連今天，阿諾還總交超嫩的女朋友，比如說上一任女友就只有四十五歲。

「我真不知道他怎麼辦到的。」隆恩說。

我真想跟隆恩說，我不想成為那個查出真相的女人。

於是我嘗試婉拒。然而，同儕壓力卻是其中一個我萬萬沒想到這年齡也會存在的現象。

而如果是事關交友約會，同儕壓力可大了。

我的朋友不斷提醒我，出去約個會有多好，而且現在真有人約我出去，是真的很好。或者說，上一次有男人約我出去是什麼時候？我當然該去了。有什麼好損失的？再說，你永遠不知道。

想當然耳，「你永遠不知道」的問題就是你往往確實知道。

我知道——或者說我深信自己知道——我不會跟七十五歲的男人約會，不管對方有多棒。如果他摔倒了怎麼辦？我這輩子這麼努力工作，可不是想最後來照顧一個陌生的老人。但是每次我想跟人解釋這一點，我就領悟到我聽起來有多歧視老人、有多充滿偏見、有多反對愛情。

因為我永遠也不知道，不是嗎？我不知道會發生什麼事。如果我愛上他呢？如此一來，他的年紀也不重要了，不是嗎？再說，我也不想那當**那種**女人——就是那種膚淺的女人，只在乎實際，而不願投入盲目的愛情。

而且，就如隆恩提醒我的一樣，一個「如阿諾一般有錢有勢」的男人想約我出去，我應該感到榮幸。

所以，為了在約會前做好準備，我跑去賽希家，跟她一起在網路上看阿諾的照片。我們一直找到他三十年前的照片。他年輕時個子高大，而且挺英俊的。

「噢，親愛的，」賽希說，「也許他是個很棒的男人。妳應該放開心胸。」

於是我們講好約會的時間地點。我們本來可以去我家附近的餐廳，但是阿諾真的很想讓我看看他的房子，而他的房子在十五分鐘車程之外的一個小鎮。他可以接我去他住的小鎮，然後如果有需要，我可以在他家過夜，隔天早上再送我回家。

過夜？在一個陌生的七十五歲男人家？

我可不幹。

最後我終於爭取到開自己的車去他家，然後我們一起走路去餐廳，吃完飯再走路回他家。之後我再開車回家。

或者是在他家過夜，他又友善地建議。

賽希責備我這樣安排。「妳為什麼不要求他來接妳？」

「因為他晚上不開車。所以如果他來接我，我就被困住了。我就只能任他擺布。如果我開自己的車，我至少還可以想走就走。」

而且我還要求把約會的時間提早到下午六點。他本來想晚上八點才開始，這表示最後大概會拖到晚上十一點。我可不想在一個可以算是「上床睡覺」的時間還跟阿諾在一起。

開進阿諾的車道時，他已站在屋外等我。我覺得這舉動很貼心，但是其實他主要是想告訴我該把車停在哪裡，車子才不會被拖走，鄰居也不會抱怨。

我們走進屋裡。阿諾隨即關上門，鎖起來。我暗暗希望阿諾不是變態殺人狂。這使我想起艾瑪怎麼說網路上的男人：「只要不是變態殺人狂就好。」沒想到這種想法仍舊跨越所有的人口、約會方式與年紀。

不過如果阿諾真是個七十五歲的殺人狂，殺了**我**就真的太笨了。每個人都知道我們今晚要約會，殺了我他就是第一個嫌疑犯。

我深吸一口氣，提醒自己對他好一點。但是我自己感覺並不好。我覺得很不自在，一心已準備好面對棘手的狀況。我氣自己陷入這狀況，儘管只有三小時，只是一頓飯，我到底是怎麼回事？

我提醒自己隆恩對我說的話，提醒自己社會大眾會對我這樣的女人說的話：能夠跟阿諾這樣的男人約會，我應該心存感激。

於是我當個客氣的訪客：我稱讚他屋裡的當代藝術，都是他幾年前還擁有一間畫廊、常跟藝術家來往時買的；我對他稀有的藏書又「噢」又「哇」的；他邀請我參觀屋裡一圈時，我答應了，每間房間都是充滿男性風格的現代空間，有很多窗戶、金屬與玻璃，什麼雜物都沒有，每樣東西都在該在的位置，而且我理解到它們在該在的位置上已經很久了。

儘管空間寬敞明亮，房子本身並不是特別大。幾秒鐘內，我們就到了他的臥室。

成排的窗戶框著一片壯觀的草坪與花園。我讚賞那景觀。不過，這景觀還不是臥室最棒的部分。

想知道臥室裡最棒的部分是什麼嗎？阿諾問我。

「好啊。」我勇敢地說。

他嘻嘻笑。「我的床。這床已經有二十年了。」他自豪地說，「這床帶給我不少好運，我在上面有過很多很棒的性愛。」他停頓一下，意味深長地看著我。「我希望在未來還會有更多。」

我又仔細看一眼那床。床單有些皺，我不禁納悶阿諾是否在我抵達之前在上面「試跑」過。我想像他一絲不掛地躺在床單上，白色的大肚子從一邊晃到另一邊。

「嗯，真不賴。」我說，然後建議讓我喝杯酒。

一瓶打開的紅酒與兩只玻璃杯擺在廚房的台子上。廚房有那種布滿灰塵、被人棄置的感覺，久沒人用就是這樣。

我跟他道歉，說我不喝紅酒。只喝白酒跟粉紅酒。

「但是隆恩跟我說妳喝紅酒。我問他了，他說妳喝紅酒，所以我還特別出門為我們買了一瓶很好的紅酒。」

我想回嘴，說隆恩對我根本一無所知，所以問隆恩我喜歡喝什麼酒完全不合邏輯。但是我當然沒說出口，只是嘗試協商。
「如果你有白酒，那我寧可喝白酒。」
「妳確定不想試試這瓶紅酒？這真的是一瓶很好的酒。也不用擔心開車的問題，妳可以在這裡過夜。」
「哈哈哈。」我諷刺的笑聲隱藏著滿腔怒火。我在考慮找個藉口離開，但是想不到有哪個藉口不會讓我看起來腦筋不正常，而且不會引起社會大眾的盛怒。換句話說，我還不準備為了離開阿諾而被社會大眾排擠。
接著他帶我去看他的游泳池。游泳池很小，是個腎臟形的。「妳想游泳嗎？」他問。
「不了，謝謝。」
「為什麼？」
「我沒帶泳衣。」
「妳可以裸泳啊。」他說。
「我不想。」
「沒關係，但是只要妳想，都可以過來游泳。」他邊說邊露出一個大方的微笑，完全沒察覺到我有多不自在。
「阿諾，」我嘆口氣，「我永遠都不會來你的游泳池游泳。」

「為什麼？」他問。

「這泳池太小了，我喜歡來來回回游上好幾圈。很抱歉，但是你的泳池基本上只是個浴缸。」

阿諾意有所指地笑起來。像阿諾這樣的人有一個好處，就是你可以對他們有話直說，他們絕對不會覺被侮辱。因為他們太傲慢自大了，從來不覺得**能夠**被一個女人侮辱。

我們慢慢散步到餐廳。

「妳看起來好年輕、好敏捷，」阿諾說，「妳一定有健身。妳幾歲？」

「我快六十了。」

阿諾看起來很吃驚。

顯然隆恩不只對我謊稱阿諾的年齡，對阿諾也謊稱了我的年齡。但是我跟阿諾不同的是，我懂得使用Google，而阿諾不會。

「嗯，太好了，」他說，「那我們的心境差不多，我們都在尋求陪伴。」

變老過程中所有大大小小的挫敗中，最可怕的一個就是發現自己已經從追求**戀情**的心境被逼得轉移到只追求**陪伴**的境界。

戀情意味著動態的關係，兩人會一起做什麼。陪伴則相反，兩人主要只是坐在那，陪著彼此。

想當然，像阿諾這樣的男人並不需要接受這樣的挫敗。

多年來總是跟年輕性感的小妞在一起後──他說，如果他想要，他還是可以交到二十五歲的女朋友──他突然頓悟了。他上一任女友三十五歲，一切都很好，直到他突然發覺：他跟她無話可說。這不是意外，他發現他跟三十五歲以下的女人都無話可說，她們太年輕了。於是他不太情願地重新思考自己的需求，決定提高女朋友的年齡層。他現在會考慮跟三十五歲到五十歲的女人約會。

我仔細端詳阿諾。有些男人是真的看起來比實際年齡小，而且世界上真的有很多英俊瀟灑的七十五歲老人，但是阿諾不在其列。他在常春藤名校足球場上的風光日子早已遠去，你根本不可能把他想像成是什麼性感熟男。但是另外一方面，社會大眾總喜歡把男人捧得比實際條件好一點，而把女人說得比實際條件差一點。

但是我不是社會大眾。

「你聽好，阿諾，」我說，「你不會真的相信那些跟你上床的二十五、三十五、甚至四十五歲女人是真心愛你吧？」

阿諾考慮了一下，然後不可思議地認同我的說法。他說，即使這些女人並不是真的愛他，整個社會體制還是站在他這一邊。理由就是女人太貪婪了。

阿諾如此解釋：世界上有許多工作還算合意的女人，像是房地產經紀人、髮型設計師、瑜珈老師等，其中很多都有小孩跟前夫，但是前夫不付贍養費，不然就是酒鬼——總之就是讓前妻嚐盡苦頭——這些女人雖然在財務上還過得去，還是渴望更富裕的生活。她們想要奢侈的生活，但是自己付不起。

她們想要昂貴的皮包！

這時阿諾這類的男人就出場了。

你可能會以為，在世界上功成名就後，阿諾對這些身處困境的女人會產生些同情心，但是你想錯了。阿諾想到這些女人時，總將她們視為膚淺的皮包收藏狂，只是利用性來滿足自己的收藏癖。

他不在意自己其實也被「利用」了嗎？一點都不在意。

阿諾解釋說，只要女人**願意**跟男人上床，男人就不在意女人為什麼要跟他們上床。他還提醒我，再說，權力在男人手中，因為如果一個女人無法滿足他們的需求，總是會有另外一個女人願意來滿足。有錢的男人擁有掌控權，而且會一直掌控到老——只要他們能夠提供某些「貪婪的」女人渴望的物品，像是昂貴的皮包。

但是如果這是個不同的世界，金錢的流向剛好反過來？不是流向阿諾，而是流向有小孩、無法再賺更多錢的女人？如果這世界完全不同，沒有女人基於任何理由「需要」跟阿諾上床呢？

這時阿諾會有什麼下場？

我去賽希家，把約會的細節一五一十告訴她。我們同意這場約會又是同樣老掉牙的故事：你以為某個男人可能其實還不錯，至少有幾個方面還挺有深度，結果最後依舊只是個歧視女性的混帳，只是想騙女人上床。賽希解釋說，這就是為什麼她一直沒結成婚。她會跟一個男朋友在一起一陣子，然後突如其來，她心裡就會出現一個狂野、獨立、猛烈的聲音，問「為什麼？」

「我最後終於想透，在生命中不可能有個真正的伴侶，因為男女關係本身就充滿性別歧視。」她說，「妳得扮演媽媽跟家庭主婦的角色，他們想要上床時，妳也得想跟他們上床，然後到了某個階段，一部分的我就會自問：『為什麼？為什麼我要為你做所有這些事情？我自己有什麼好處？』」

好啦，這就是女人在男女關係裡永遠不該問的問題：我自己有什麼好處？

因為誰在乎？只要男人從女人身上得到好處，誰在乎女人有什麼好處？

我們的反應就跟以往每次面臨生命棘手的現實時一樣。我們大笑一番。

大小孩

這是另外一種最近成為自由單身的男人類型。就跟突然單身性感男一樣，他也是身不由己地離婚了。但是跟突然單身性感男不同的是，他一點都不性感。

這種男人通常很不獨立。也許一點都不令人吃驚，畢竟這種男人就是女人在說這句話時所指的對象：「我有三個小孩。兩個是真的小孩，一個是我老公。」

就跟大多數的婚姻一樣，大小孩的婚姻開始時也建立在平等的共識上——也就是現代的婚姻模式，雙方都工作，並努力平等分攤義務。但是過了一陣子，通常在第二個小孩出生後，這基礎就瓦解了。即使她仍上班——十之八九她還繼續上班——維持家務跟照顧小孩的責任最後全落在她身上。她如果請老公幫忙，他就會臭臉或大發雷霆，或是需要太多指令跟說明，最後還不如自己做還更簡單。

這是築起厭惡之牆的第一塊磚頭。

當然這個還不足以構成離婚的理由。如果是的話，每個人都會離婚了。而且大小孩最狡猾的一點，就是在外人面前，他是個好男人。他會做所有好男人會做的事，他會去上班，去觀看小孩在學校參加的活動，假日、生日，他都在——總之他人會在那。他跟其他人的老公沒兩樣。

但是在家裡，情況就不同了。他不只不做自己那份家務，而且隨著時間過去，該他做的事情，他會越做越少。他人在，但是心不在。腦不在那，情緒不在那，性趣也不在那。他不照顧自己，不保養自己，讓身材走樣。他體重增加，使睡眠呼吸中止症更嚴重，夜間，他成為一個徹頭徹尾的打呼機。

最後，他連假裝應付都不假裝。

同時，他的老婆絕望地躺在他身邊，瞪著天花板，自問她的婚姻到底怎麼搞的，她怎麼落的這般下場，還有她到底該怎麼修復這一切？

如果她老公真的知道她有多不幸福，他也假裝不知道。因為，儘管大小孩自己並不一定很幸福，這婚姻對他來說還是太方便了。就如老婆所言，他就跟個小孩一樣，他只付出極少的努力，但仍幾乎總是能滿足所求。至於無法滿足的需求，總有網路可以解決。

於是，雖然他人在，但是心不在，他也無意離開。

他老婆會深知這一點，而且她會領悟到，如果她現在不採取行動，如果她不對這場婚姻扣下板機，她只會越來越老、越來越不快樂，直到她太老、太疲倦，連離開也無法離開。

於是，當大小孩躲在他的「居家辦公室」時——用這個詞並不妥當，畢竟他在家裡什麼貢獻也沒有——他的老婆開始想像，如果他不在會有多棒。她可以用他衣櫥裡的空間，跟在他身後收拾整理的時間也可以省下來，去做更有趣的事。

如果他一走了之、不再回來，會有多好！

於是有一天，她突然要求離婚。

大小孩大吃一驚，大耍脾氣。在他的眼中，他什麼都沒做錯。全是她的錯。

他很有可能會苦戰到底，反對離婚。就如同他在家裡不配合一樣，他在法庭上也一樣不配合。離婚過程會拖上很久一段時間。就連大小孩的律師也會說他的客戶瘋了。

沒人照顧他了，大小孩崩潰了。被趕出家門，又沒地方住，大小孩往往會搬回老媽家，然後開始酗酒。總之，他會開始經歷中年人生失常狀態。

好消息是，大小孩並不是完全無藥可救。跟媽媽住在一起，每兩個週末看著自己十幾歲小孩失望的眼神，他領悟到自己並不想當個廢物。於是他振作起來，去健身房健身，找到工作，找到住所，學會自己購物、洗衣。如此脫胎換骨的他準備好再回到約會的世界。因此，很有可能他最後會成為某女人的前夫，但同時也是另一個女人的新歡。

「我的新男友」現象

七月四日的週末。我們聚在凱蒂家，談論夏日的目標。

我的夏日目標就跟以往一樣，最沒創意：去有錢人家的派對，喝免費的氣泡酒。

然後如同魔術一般，這時麥克斯傳了個訊息來。他臨時決定從西班牙飛回來，去東漢普頓參加一個科技產業億萬富翁的生日派對，問我想一起去嗎？

隔天下午，梳妝打扮準備出門時，我發現自己特別花心思整理外表。難不成這是個徵兆，表示也許我不再那麼排斥認識男人？這場派對也許——不像凱蒂的後院——真的可以讓我認識男人。

或者也不。

麥克斯來得有點晚。我們匆匆忙忙坐進我車裡時，他跟我說他在派對上會使用一種叫做「特別K」的化學合成設計毒品，跳進K洞，我應該跟他一起去。

不。「我才不用給馬用的鎮靜劑咧。」我說。

「一點點就好了，寶貝。感覺會很棒呦。妳二十四小時都不用睡覺喔。」

「你一點都不覺得這句話聽起來有多可怕嗎？」

「妳怎麼搞的？」麥克斯說，「妳以前很愛玩的啊！」

我的朋友每次問起為什麼我不跟麥克斯在一起、然後我說我就是做不到時，這就是原因。我無法環遊世界、去參加各種火人祭和閉幕式和億萬富翁的生日派、對然後跳進K洞。這不是我想要過的生活。

我們開在四十公尺長、通往億萬富翁家的私人車道上時，前後三次有三組不同的警衛叫我們停下來，在名單上檢查我們的姓名，還用手電筒檢查車子內部，確定我們沒偷帶人進去。其中一組警衛甚至還檢查了後車廂。

「我的天啊！」我對他大聲說，「我們都是中年人了，我們看起來像是那種會在車子裡藏人的人嗎？」

那警衛把手電筒照在我臉上，說：「如果我跟妳說我見過中年人做過哪些事，妳可要吃驚了。」

派對在屋後的大型露台上正熱鬧進行。露台上裝飾著立體投影跟獨角獸燈，有一座大理石的大火盤，兩個夏威夷風情酒吧，還有一片大平台擺滿了用餐的桌椅。平台後方有一座帳篷，裡面站著成排的廚師在準備晚餐。再往後是一座奧林匹克標準游泳池，泳池邊還有個有屋頂的戶外酒吧。再最後，終於是一道十公尺高的樹籬。

麥克斯立即被一小群「火人祭迷」圍住——全是他火人祭的朋友，穿著得像一群馬戲團員。基於某種理由，他們比我預期得年輕。然後我發現這是因為我的觀點變了，因為我已經有好久沒跟三十幾歲的人在一起，已經忘了他們看起來有多年輕，忘了他們有多興奮、多熱情，對什麼事都如此。

此刻我絕對需要一杯氣泡酒。

我擠過人群。更多三十幾歲的人！只不過這群人跟火人祭迷完全相反，他們規矩優雅，穿著領尖可扣住的襯衫跟藍色西裝外套，是來自中西部的保守分子。已婚，有小孩。

我在考慮該往哪個方向走。跟著穿著馬戲團服、在享用特別K的人去大火盤邊？還是走去那群臉孔年輕、一臉期望、覺得未來仍充滿希望的雙雙對對？

突然，我這輩子從沒覺得如此格格不入。而且如此、如此——單身。

這時我看到他了。

那男人。

那男人。我想不起來那男人的名字，但是我記得別的事情。像是我一直對那男人很好奇，他個子很高，有點冷漠。

人們說他很聰明。凱蒂幾年前曾帶我去他開的派對，他帶我參觀他家，我還記得他跟我說話的樣子，就像是我是真的人一樣。但是後來凱蒂跟我說他只跟又高又漂亮、來自像是瑞典的女人約會。

此刻，他就站在屋子柔和的黃色燈光下。他一定是認出我了，因為他在微笑。

今晚，基於某種原因，那男人看到我異常開心。我不確定他是真的很高興見到**我**，還是因為他也一個人都不認識。

都無所謂。我們開始熱切地閒聊，聊我們今年夏天要做什麼，聊我們住在哪，聊隔天晚上我們兩人剛好都被邀去史考特家的晚餐派對。

這巧合似乎讓他很高興。他請別人為我倆照了一張相，然後寄給史考特，說我們很期待明天見到他們。

他給我看一眼那照片，我哀怨地嘆息一聲。出門時，我還以為自己看起來很性感。

我看起來一點都不性感，我的頭髮需要剪一剪了。就如同凱蒂稍後對我說的，我看起來「很無聊」。

然後，因為我知道隔天晚上反正還會見到他，我又獨自回到酒吧，環顧一周，再一次很吃驚自己有多不熟悉這些人。就連個朋友的朋友也沒有。

那男人突然出現在我身邊。「可以為妳拿杯氣泡酒嗎？」他的聲音低沉柔潤，像個舊時的收音機廣播員。

「謝謝你，但是你真的不需要為我拿酒。」

「我覺得我需要。」他說，露出一個最友善的微笑。

之後，我的新男友與我寸步不離。排隊拿自助式晚餐時，他為我端飲料，還確定我沒忘了拿餐具。他為我們找到一張桌子，就坐在億萬富翁屋主旁。億萬富翁來自芝加哥，兩個上大學的女兒也在場，最後還帶我們參觀他的屋子。屋子裡有十五間臥室，設計得像間精品飯店；還有一間大健身房、三溫暖跟蒸氣室、按摩治療間、美髮化妝間，以及一間家庭影音劇院，可以坐進一百人；廚房裡還有自己的糕餅兼冰淇淋廚師。

這就是有錢人。他們想要什麼就可以擁有什麼，但是就跟其他人一樣，他們全都只想要冰淇淋。

我們走進另外一間房間，裝潢得像間舞廳。我的新男友跟我一起跳舞，他跳舞跳得真不賴。然後我的新男友聽說我家附近還有另外一場派對，於是我們決定一起前去。但是首先我得找到麥克斯，告訴他我要離開。

我們發現他四肢著地跪在草地上，像隻狗一樣。「拍拍我，拍拍我！」他說。

「麥克斯！」我厲聲說。

我試著互相介紹兩個男人，但是麥克斯不領情，他開始對著月亮嚎叫。

我放棄了。

「他沒事吧？我們應該做點什麼嗎？」我的新男友問。

「他不會有事。我猜他現在正在K洞裡，顯然他常常跑進K洞。」

「這我就不懂了。」我的新男友說，「妳以前真的跟他交往過？」

「那已經是……」我算了算，「十五、二十年前的事了？總之，他那時候不是這樣。」

我的新男友有輛車，還有司機。開往另一場派對的路上，我們開始接吻，他吻技真不錯，而且讓我覺得自己的吻技也不錯。我已經有一陣子沒吻人了，所以這使我充滿希望。

後來，他把我送回家時，說了一句最奇怪的話。他說：「我真的很喜歡妳。我對人有直覺，而且很少看錯人。我覺得妳跟我會很合得來。」

「哈，快走吧。」我邊說邊把他推出門。「你根本還不認識我。」

上床睡覺時，我在想，也許我並非完全沒機會交到新男友。

隔天早上醒來時，我收到新男友的訊息，說希望我睡得很好，還告知我當晚的接送服務。他特別安排司機來接我，這樣我就不用開車去史考特家，再開回來。這使我有點困窘。我根本還不認識他，他就派車來接我了。

我去凱蒂家。「妳不會相信我遇到什麼事。我跟那男人接吻了。」

「誰？」她問。

「妳認識他，」我解釋說，「就那男人啊。」

「那男人？」凱蒂目瞪口呆。然後她笑起來：「妳跟那男人接吻了？」

「為什麼這麼好笑？」

「妳跟那男人。我一百萬年也不會把你們聯想在一起。」

「我們在派對上巧遇，然後就接吻啦。他送我回家。今天他還會派輛車來接我去史考特家。」

「真好，」凱蒂說，「那我們可以一起去。」

我忘了凱蒂也被邀去史考特家。

「沒辦法，」我想起來，「我之前還有圖書館的事。」

「圖書館的事」是場跟艾莉卡．鍾還有蓋爾．希伊一起進行的座談會。布里奇漢普頓圖書館每個月都會舉辦這類的活動，本來稱為「三位女性作家」，但是艾莉卡覺得這樣有性別歧視嫌疑，所以現在就簡單稱為「三位作家」。我沒跟任何朋友說起這件事，因為這天晚上會又冷又下雨，而且座談會是在室外，再說聽眾主要都是博學多聞的銀髮族。但是我犯了一個錯，就是告訴新男友這件事，結果他現在也要來。

他把接送的服務安排得很複雜。車子會先來接我，送我去布里奇漢普頓，然後去南漢普頓接他，把他送到布里奇漢普頓跟我在圖書館碰面。之後我們會過馬路去跟瑪莉蓮以及她妹妹碰面，然後車子會把我們全送去瓦特米史考特家的晚餐派對。

我無法想像如何把凱蒂安排進去這趟車程。「但是我們可以送妳回家，好嗎？」我說。

圖書館的活動如預期般悲慘。氣溫下降了，我們沒人記得帶保暖衣物，於是我們穿戴著各式各樣從聽眾借來的外套與披肩。

我的新男友在活動進入尾聲時抵達。他猶如鶴立雞群，不只因為他的個子高，也因為他是少數在場的男人之一。當時，舞台上的討論已進入無可避免的內容——男人，還有男人有多爛，但不是所有的男人都如此。

我指出也許不是「所有的男人」，但絕對是「很多數的男人」，這時我看到我的新男友被一個小老太婆伏擊。

她轉向他，問：「你看起來是個很友善、很體貼的男人。你在這裡做什麼？」

我的新男友笑了。「我來看她的。」他邊說邊指向我。

稍後在晚餐派對上，我們把這故事告訴史考特一家人，彷彿我們已經是一對了。「你們兩人都有可能遇到更差的對象。」他們說。

於是一場旋風式的男朋友經歷展開了。我的新男友什麼都做對了。說到浪漫，他做到每一件女人都渴望的事情。他送花來，他帶我去看《你好，多莉！》，然後陪我走回家，一邊唱：「哈囉，坎蒂絲！」他帶我去小島度假，我們享受情侶按摩，還一起做瑜珈。他說：「我知道妳很久沒被人寵了，所以我現在要好好寵寵妳。」

「為什麼？」我問。

「因為這是妳該得的。」

吃早餐時，我會看著他為我切好的那碗水果，心想，為什麼我這麼幸運？

「我不懂。」我對賽希說。「我怎麼會遇到這個年紀相仿、有自己的錢、有自己的房子、人又這麼好的男人……而且他還想當我的男朋友？」

她說：「甜心，妳一直這麼努力，一直這麼辛苦，現在該得到回報了。」也許我真該得到回報，但是我們全都知道，如果一個女人理當得到回報，並不一定表示她一定會得到回報。

我有權被一個似乎沒有任何明顯缺陷的好男人寵愛嗎？當然。其他每個女人也一樣好，但是有多少女人被好男人寵愛？幾乎從沒有。為什麼老天爺就偏偏把我挑出來享受這場盛會？

然後瑪莉蓮打電話來了：「我覺得我可能有男朋友了。」

就跟我與我的新男友一樣，他們倆也是在漢普頓一場派對上認識的。而且就跟我與我的新男友一樣，他們發現彼此也有不少共同的朋友，只是從未相識。

現在他們相識了。在派對上，他們整整聊了三個小時。隔天，他打電話給她，問她想不想去海邊散步。他們日落時分去，天空染成一片粉紅，這時他透露他就住在海邊不遠處，而且喜歡衝浪。此外，他在布魯克林還有間公寓，還有一間很酷的環境設計科技公司。

他六十四歲。

太老了嗎？瑪莉蓮問。

我指出她幾年前分手的前男友此刻的年齡就是六十四歲。這表示儘管六十四歲「聽起來」很老，其實已是我們更年輕時所熟識的人現在的年齡。

反正也無所謂。因為這男人最棒的一點就是他會真的用心傾聽。而且他真的在乎。最重要的，他也是個真的真的很好的人。

於是，好幾年幾乎沒再約會後，我跟瑪莉蓮現在都有男友了。我們無法置信。我們的朋友也不例外。

我們聚在凱蒂家，分析這個新發展，列出「我的新男友」的特質：

一、我的新男友都是好男人，眾人也公認他們是好男人。沒有一絲流言蜚語跟他們的名字扯在一起，沒有謠言說他們外遇過，也沒有人偷偷低聲說：「沒錯，但他是個混蛋。」他們沒有一長串的前妻恨他們。

其實，「好」就是新男友的人格特質。二十、三十歲時，「好」並不是那麼重要，在這個階段卻是一個人能擁有最好的特質。在一個其實不是這麼美好的世界裡，「好」是暴風雨中的避風港。

二、我的新男友都是成年人。有自己的生活、自己的住所。這表示他們知道如何處理日常家務，像是買菜，還有洗碗、洗衣服，以及餵飽自己。

三、他們不是酒鬼，也沒有吸毒成癮。

四、他們有意跟年紀相仿的女人在一起。

就舉瑪莉蓮的朋友鮑伯為例。他六十六歲，看起來也差不多六十六歲，但是他為人活躍、迷人、有好奇心。他有一次講起自己被一個三十三歲的女人追。如果他沒回她的訊息，她會不通知一聲就出現在他家門口，他至少得跟她解釋五遍說他沒興趣跟她交往。她的追求是令他很感動，但是也很煩人，尤其因為鮑伯很清楚自己在生命中的位置。「妳看看我，」他說，「沒錯，我的身材是保持得還不錯。但是我看起來老到可以當她爸爸了。我老到可以當她爸爸了。她是**哪根筋不對勁？**」

而這就是我的新男友與突然單身性感男之間的差別。突然單身性感男很容易就被年輕女子所引誘，而且通常是想跟他一起展開家庭生活的女人；我的新男友則處於不同的生命階段，他不想組織家庭，跟他約會的女人也不想。

就比如說五十四歲的卡拉。她本來在紐約市事業非常成功，但是基於生命的無常，最後單身一人，跟十幾歲的兒子住在小村裡。她在小村建立起自己的小公司，業務蓬勃發展。她又掌控了自己的人生，或者至少表面上是如此。

卡拉所尋求的對象條件，定義於她此刻不再尋求的條件：「我不想找男人來照顧我，我不想找男人來給我住所，我不想找男人結婚。」她說，她的婚姻使她「損傷慘重」，在此刻她不想重複這樣的經歷。可是，另一方面，她也不想孤單一人。

「我想要一個跟我平起平坐的人。」她說，「他得擔起一半的責任，而且心要在此。因為我從生命學到的是，我們每個人都會遇到壞事，但是如果你不需要自己一個人撐過去，會更好。」

這就是中年人約會的另一個事實。壞事隨時都會發生。你不只是在跟已經經歷過壞事的人在一起，而且還可能才剛跟對方相識，自己就遇到壞事。有可能某人要失去父母了，有可能某人要失去工作了，有可能某人要失去朋友了。

而我就是這個某人。

癌症聖誕樹

我的爸爸快死了。他戰勝癌症二十年，但是現在癌症又回來了。

他打電話給我，跟我說他去做檢查，癌症擴散到身體各個角落與縫隙，情況很不樂觀。

「坎蒂，」他說，「我的身體就像棵被點亮的聖誕樹。」

我去看他，他開車帶我去一家餐廳，說他葬禮那天我們應該在教堂儀式之後來這裡用午餐，然後再去墓園參加葬禮。他全都計畫好了，現在只是想告訴我。

餐廳主人領我們到一張靠窗的桌子。我爸爸又愛說笑又迷人，就跟以往一樣。我僵硬地坐下來，望向窗外。馬路對面，是我媽跟她最好的朋友首次創業的地方，她們一起開了一間旅行社。每個星期三，學校比平常早放學，我會搭公車多坐一站，去我媽的辦公室找她。我還記得紙張、新地毯與新油漆的味道，還有她跟她最好的朋友有多自豪能夠成為經商的女人。

我轉回來看著我爸，看他粗糙的手——形狀上跟外表上與我自己的手如此相似——然後發現我不確定自己能否辦到。自己處於中年人生失常狀態，還跟我爸討論他的葬禮。

我最近「遭遇一連串的挫敗」，我爸大該會用這樣的詞。我擔憂自己的財務，擔憂自己的未來，但是不希望我爸知道自己正境況不好。他一向以我為榮，我不願讓他死前認為我最後還是失敗了。

我告訴他我交了男朋友。

我總是會跟我爸聊我的男朋友。而且我還更進一步，把他們介紹給我可憐的老爸認識。表面上看起來不是個好主意。因為我爸很自豪很會「看人」，而大多數的男人在他眼中都不及格。他有一次還把我妹妹的男朋友趕出我們的地產——其實就是一塊平淡乏味的草坪——因為他是個壞男生，只想要一件事。

然而基於某種原因，我還是繼續把男朋友帶回家給老爸看。通常之後，我爸會搖搖頭，「媽寶。」他曾如此說我一個男朋友；「完全只想著自己。」他曾批評另外一個男朋友；「你有沒有注意到他所有事都愛分『妳的』跟『我的』？」每次無可避免地走到分手的結局時，我爸總恭喜我擺脫掉一個配不上我的人。

「嗯，」等我跟他敘述完我的新男友時他說，「他聽起來是個紳士，」然後停頓一下，「告訴他我很想認識他，但是恐怕沒辦法了。」

於是那天終於到了。我打電話給我的新男友，「我爸爸走了。」我說，然後哭了一下下。

「我現在就過來。」他說。

等他來的期間，我發現自己雖然對我爸的離開已做好心理準備，卻從沒想到會跟一個還算陌生的男友一起度過這個悲傷而非常私人的時刻。

我的新男友從來沒見過我爸爸，也沒見過我家人。我們該怎麼做？

「你希望我怎麼支持妳，我就怎麼支持妳。」他說，「告訴我妳需要我做什麼，我就會去做。」

我考慮接下來要做的事。漫長的車程、三小時的瞻仰遺容、在旅館過夜，接著葬禮、午餐，最後去墓園，看我爸被葬在我媽、伯父、祖母、祖父、曾祖母旁邊安息。然後會有那些老朋友，寥寥無幾仍在世的，還有屈指可數的幾位親戚。

整個過程不會很好玩，但如果有他陪在身邊，就不會那麼難受。我跟他已經熟識到可以請他幫這個忙嗎？我對他已經信任到可以冒這個險嗎？

我還是問了。「你可以陪我去葬禮嗎？」

「我很樂意。」他說。

就那麼簡單。

這年的秋天有氣無力，我們開往康乃狄克的路上，路邊的樹葉是棕色的。

「妳可以撐過去的。」我的新男友說，一邊捏緊我的手。「記住，我們會一起撐過去的。」

而儘管這是生命中極度悲慘的一刻，我知道這一刻本來還有可能更悲慘。

我也捏緊他的手。

「我愛你。」我說。

「我也愛妳。」

當然了，我們根本不知道我們是不是真心的。或者如果我們是真心的，又意味著什麼。

誰知道呢？也許這就是中年階段的好處之一：有些事情永遠不變。

第九章
超級中年男女

但是另一方面，很多事情卻會改變。進入現代中年階段後某個時期，人們開始分為兩個類別：「超級中年男女」與「所有其他人」。

「所有其他人」很容易辨別。他們就跟我們大多數人一樣，看著鏡子但是不認得自己的臉。這種「變臉」是大自然神奇的伎倆之一，而且無論你怎麼做，沒有幾人能夠逃離。在這個殊途同歸的中年階段，妳很難看出哪些人二十幾歲時是俊男美女，哪些人二十幾歲時平凡無奇。妳也無法相信那個現在看起來像顆馬鈴薯的禿頭男子過去曾是風流男子。反之亦然。他也無法相信妳過去曾一頭長髮，身材姣好到讓人想看妳穿著比基尼。在這種狀況下，妳常常會去某個派對，然後遇到多年沒見的老朋友，對方卻沒認出妳。還好，妳會發現自己也常常沒認出對方。

起初，這種「變臉」帶給生命些許超現實的感覺，但是你很快就習慣了，只是一個要克服的中年難題。

但是散布在中年大眾之中的，還有另一個類型。他們「一點都沒變老」，看起來「就跟以前一模一樣」。沒錯，基於勤奮的健康習慣與恰當的化妝方式，他們甚至可能看起來還變年輕了。

這就是「超級中年男女」。他們就跟以前一樣，但是還更好。

就舉卡爾為例。二十年前還過著家庭生活時，卡爾不成人樣；他身材變形、充滿焦慮，體力差到不行。現在他充滿自信、身強體壯，一身義大利設計師的時裝；他的頭髮全還在，這當然有幫助；他還開著一輛敞篷跑車，看起來酷極了。

然而，卡爾過去一度極為成功的朋友，多數都疲勞過度、失去熱情了。就跟理性的中年人一樣，這些人現在下午去打高爾夫球，上午則去看醫生。卡爾不同。他創立了自己的公司，因此必須花很多時間跟三十幾歲的酷帥年輕人在一起。

沒錯，卡爾是有點煩人，因為聊起這些「三十幾歲的酷帥年輕人」就是很煩人，畢竟沒有一個超過五十歲的人真的在意這些年輕人。但是你依舊不得不欽佩這男人。

然後還有維克多。他本來是個時薪八百美元的公司律師，後來離婚了、失業了，跌到谷底，然後又重振旗鼓，領悟到自己真正的使命是去幫助他人。他取得飛行執照，買了一輛小飛機，現在就忙著開飛機送物資到災難地區。

維克多是個好人。

而這也是超級中年男女的特徵。他們嘗試成為更好的人，不只是在身體上，同時還在靈性上、心理上跟精神上。他們致力於不斷進步，追求有意義的快樂。這一回，他們決意把事情做對。

就像瑪莉蓮的新朋友瑞貝卡。

十年前，瑞貝卡是那種我們會驚呼「我真不知道她是怎麼做到的」的女人。然後她進入五十，她老公失業，他們離婚了。接著她也失業了，經歷了一段典型的中年人生失常狀態，成天喝酒，跟不恰當的男人在一起。一天晚上，一個她已暗中寄託希望的男人告訴她，他同時還有另外兩個女朋友，她聽了怒不可遏，立刻摑了他一耳光；接著對方一拳打在她肩膀上，讓她差點跌倒。這事還有警方的紀錄。最後她被抓到在學校邊的馬路上超速，然後終於覺醒了。

她戒酒，開始健身——一開始是練拳擊，因為她滿腔怒火——漸漸地，她的生活開始好轉起來。

她現在正為一場迷你鐵人三項訓練，而且新創了一間公司，協助女性進行投資。公司生意非常好，讓她最近買了一棟更大的房子。

最大的改變就是她對自己不再感到憤怒。過去她如果喝太多酒或是吃太多東西，或者就只是整個狀態很差，她會不斷地責備自己。而現在她快樂多了，因為她不需要再浪費時間氣自己這麼糟。

而因為瑞貝卡拾回了自己的人生，她也交了一個新男友，一個名叫布萊德的超級中年男子。

他跟瑞貝卡一樣超級愛運動，每天練一個小時的氣功，此外還去滑水跟做瑜珈。而因為他是超級中年男子，他並不怯於跟瑞貝卡表達自己的感覺——他覺得她也許就是他此生的真愛——也不怯於就此定下來。

而且，不愧是真正的超級中年男女風格，布萊德還想跟她住在一起，儘管兩人才交往了四個月。他還想把她介紹給家人認識。

一天下午，我跟瑪莉蓮在凱蒂家，這時瑞貝卡衝進來了。身為完美的超級中年男子，布萊德租了一輛私人飛機，想帶瑞貝卡去緬因州的老家參加家族聚會。

我們全恭喜她如此幸運。廚房裡迴響著「太好了！」、「妳要穿什麼去？」的驚嘆聲。

「但是我不想去。」瑞貝卡說。

她很生氣他居然擅自出了這個主意。他毫無預警地跟她宣布這個計畫，自認是個浪漫的驚喜，但是她那週末已經有計畫了。她跟朋友早約好了，她不想臨時取消，而且布萊德應該要記得她有計畫的。她為什麼應該取消跟老朋友見面的計畫，去跟陌生人待在一起？

但是我們指出，他們不完全是陌生人。他們是布萊德的親人，暗示她，那些人有一天也有可能成為她的親人。

「但是他們還算是陌生人。」她反駁。

於是我們你一言我一語，所有的女人都站在「男女朋友」這一邊，認為瑞貝卡只是自私地不想在那週末去緬因州。

因為自私是不被准許的，尤其是遇到一個經濟實力雄厚的超級中年男子。所以囉，瑞貝卡就去參加家族聚會了，她心裡很痛苦，但是她覺得一切會過去。

兩星期後，布萊德開始把自己的東西搬進她家。

瑪莉蓮跟我去瑞貝卡在新家舉辦的派對，慶祝布萊德、慶祝新房子、慶祝中年男女開闢的新前景。只要看一眼在場的客人，你就會相信了。每個人都漂亮迷人，都在興奮地承認自己其實比外表上還要老。男人有二頭肌，女人有結實的臀大肌與股方肌，穿著緊身運動褲時特別好看。每個人都把生命花在從事什麼重要而有意義的事情，而這就是最重要的一點。屋子裡充滿了老生常談、快樂的陳腔濫調，還有笑聲。

「最重要的是，我們是一群健康漂亮的人聚在一起。」瑞貝卡說，「年齡現在不重要了，我們全都進入了一個新領域。沒有規則，男女關係可以是任何一種形式。」

除了男女關係無法成為任何一種形式時。

瑪莉蓮跟我後來離開派對，準備回家去睡一晚超級中年男女的好覺。結果，布萊德「發瘋了」，開始跳舞、模仿貓王。這本來可能還沒什麼，但是這時瑞貝卡二十二歲的女兒回來了，看到那景象只說布萊德的模仿太難堪了，然後就衝回房間鎖上門。瑞貝卡想安慰女兒，但是沒多久就放棄，然後花了三個小時整理屋子，整個時間布萊德卻躺在沙發上看電視。

儘管布萊德的舉止只不過如同典型男女關係中的典型男人，瑞貝卡仍認為這樣不行。

隔天早上，她跟布萊德分手了。

布萊德傷心欲絕。瑪莉蓮在某個會議上遇到他，他講起瑞貝卡以及他有多愛瑞貝卡時，還哭起來了。這些新型中年男子就是如此敏感、如此美好，瑪莉蓮說瑞貝卡跟他分手真是太笨了，他是個好男人，而且什麼都有。

幾個月後，瑞貝卡開始跟另外一個男人交往。我納悶中年階段的約會交往是否終究無法成為一種美好的新經歷，就如同瑞貝卡當初所希望的；而依舊會如同我們二十、三十歲時那般，連續約會之後，最後不了了之。

那會是什麼樣子？

我從一對超級中年男女來凱蒂家作客時，稍微得到了一點想法。

就跟許多超級中年男女一樣，他們兩人也六十幾歲。想一想是有道理，因為中年人生失常狀態往往會比你預期地耗上更多年。等到你終於恢復正常時，可能已經過了十年。

六十一歲的金柏莉過去曾是演員，但是生了小孩後就放棄了。六十七歲的史蒂芬過去則是奧運滑雪選手，現在在阿斯彭當滑雪教練。我們不太確定他們倆是什麼關係。史蒂芬是凱蒂的老朋友，他問起可否過來住在她家時幾天時，凱蒂答應了。她心想也許他會對她有興趣，但是後來他又打電話來，問說可否帶一個朋友來。

「她是他女朋友嗎？」我問，「他為什麼要帶她來？」

「不知道。」凱蒂說。

他們帶了好幾個旅行袋，而且放到同一間房間裡。就跟這麼多超級中年男女一樣，他倆也超級注重健康。把行李裡的衣物收到櫃子裡後，他們拿了好幾罐特殊的維他命與錠劑下樓，放到冰箱裡。

他們回到樓上，穿上泳衣，走去屋外。

他們擁有典型的超級中年男女身材。也就是說，他們每週花十或十二或更多小時運動，他們的身材比任何年紀的大多數人都更好。他們也自知這一點，所以完全不怯於自己只穿著一點點布料的六十幾歲身軀，四處走動。

如此自豪地昂首闊步一會兒後，他們看到了立槳衝浪（SUP）。無論是哪一種的運動板，超級中年男女看到了都忍不住要上去。不出所料，兩人立刻潛進水裡，在槳板周圍游了一下，然後翻上去。三十分鐘後我看到他們划回來時，我叫凱蒂跟我一起去屋外。

「我恨他們。」凱蒂說。

「我也是。但是我們還是要友善，否則看起來就是我們不正常。」

他們上岸後，我決定跟他們聊一聊，問金柏莉剛剛SUP划得如何。「好美，好有禪意。」她上下打量我一眼。「妳也應該試試。」

我露出微笑。我想跟她說，我試過了，但是一點都不覺得有禪意。凱蒂也是一樣。

我突然發覺，跟這兩個超級中年男女溝通可能會很困難。他們開口閉口都是維他命、運動、禪意，一種我跟凱蒂都一竅不通的語言。

但是接著我發現我跟金柏莉有個話題可聊。她發明了一樣東西！

她不是我認識的超級中年女子中第一個最近發明了什麼東西的人。有個朋友就發明了給手機螢幕用的濾光器，還有一個發明了一種新布料。金柏莉發明了一種可以消除橘皮組織的機器，很多人都在爭著要這個機器，所以她現在得想法子生產這機器，這就是為什麼她之前才去了一趟中國。

在旅館裡的第一晚，她哭了。她擔心自己做不到，擔心自己是個騙子。她電話給她兒子。

「妳做得到的，媽。」他說，「我們知道妳做得到的。我們對妳有信心。」

她掛斷電話，然後真做到了。她在那裡待了十天。那是她自己的公司，她不停地工作，想把事情做好。

現在她終於有個空閒的週末可以輕鬆一下。

我跟史蒂夫聊起這話題，問他倆是不是在一起？

答案很複雜。史蒂芬已婚，但是已經沒跟老婆住在一起，他老婆住在丹佛。總之，他是一時興起問金柏莉要不要一起來，金柏莉也答應了。他們是老朋友了，從八〇年代就認識了。他是個「好男人」，而她一直「很愛他這個人」。

他跟金柏莉走進廚房吃更多維他命。他們講起維他命 B_{12} 的好處，然後建議我們全都吃一顆維他命 B_{12} 膠囊。凱蒂跟我婉拒了。金柏莉說，這樣也好，因為我們有可能是人口中對 B_{12} 過敏的百分之五，如果吃了會脹得跟氣球一樣大。他們跟我們說不需要想太多，然後就上樓回房間。

一段時間過去了。時間長到使我跟凱蒂好奇起來。「什麼客人會大白天的回客房，然後待在裡面？」她問。

「也許他們在做愛。」

我上樓想查出真相。

溜到樓上走廊時，我聽到音樂跟咯咯的笑聲。客房的門開了一條縫，大概是因為這門不太好關上，除非很用力拉上。

我往裡瞧，瞄到他們穿著泳衣躺在床上，正因為某個他倆覺得好笑到不行的笑話在大笑。然後他們瞥見我了。

「哈囉？」金柏莉說。

「進來吧。」史帝芬邊說邊坐起來。

「什麼事？」金柏莉問。

「呃，」我說。現在是夏天，於是我問：「你們想吃點玉米嗎？」

「玉米？」金柏莉說，然後看著史蒂芬。「我已經厭倦了玉米，我不想吃玉米。」然後兩人開始開懷大笑。

「妳是走廊上的監視器嗎？」史蒂芬說，說完兩人笑得更厲害了。

我覺得自己就像是中學裡的土包子剛好撞見啦啦隊的隊長跟足球隊的四分衛在偷情。我逃回廚房，納悶中年階段的約會是不是終究也只像高中時一樣。

這個選擇對象與拒絕對象的週期是不是會無止無盡地繼續下去？

稍後我問昆妮：「如果妳跟妳男朋友分手了，會想辦法去認識別人嗎？」

「會啊。」她說。

「如果妳六十歲了呢？」

「還是會。」

「**七十歲？**」

「當然。」

「八十歲？」

「為什麼不呢？」昆妮馬上舉例說某個朋友八十三歲了，最近就交了一個新男友。

說實話，為什麼不呢？中年以後的交友約會，不是為了建構生命而在一起。這年紀的人們早已有自己的生命——小孩、前夫前妻、父母跟工作——所以在這個階段，男女關係只是為了豐富你的生命。這使我想起我們二十、三十歲時總喋喋不休強調的理論：男女關係應是你生命蛋糕上的糖霜，而非**生命**本身。

而現在，這顯然有可能。

「那妳呢？」昆妮問。「如果妳跟妳的新男友分手了，會想辦法去認識別人嗎？」

我實在不知道這問題的答案。但是瑪莉蓮知道。

瑪莉蓮決定跟她的新男友結婚了。他還沒求婚，但是她知道他過不久就會問了。他們準備去義大利度假，他在那裡有個珠寶商朋友，而他說他想買個戒指給她。

而就如同女人世界中傳統的做法，瑪莉蓮已經把婚禮都計劃好了。

他們將在他倆喜愛一起散步的海灘上結婚，然後去附近的迷你高爾夫球場用餐。球場的俱樂部會所有間懷舊風格的小餐廳，一整天都賣早餐，婚宴的訪客可以大啖一番各種煎餅、培根、鬆餅、香腸、真正的楓糖漿、法式吐司，還有各式各樣澆上厚厚一層荷蘭醬的班尼迪克蛋。

我很確定我們全都會當伴娘。我、賽希、凱蒂，此外也許再加上四、五個朋友——瑪莉蓮的女性朋友網絡可大了——她們全都很愛慕她，什麼都願意為她做。我建議可以從海灘走到迷你高爾夫球場。路程僅兩公里半，而且如此一來我們就有二十分鐘的運動，可以抵銷之後在婚宴上吃下的上千卡熱量。

賽希在想我們是不是該全都戴帽子。她會戴頂帽子，而且絕不走路去餐廳。凱蒂也不想走路，而且已經決定在那裡什麼都不吃，只會喝點咖啡。

我們自問這整件當伴娘的事情是不是有點傻。然後我們決定我們應該想怎麼做就怎麼做，為什麼該在意別人的想法？

瑪莉蓮說她想要有人在海灘上撒些玫瑰花瓣。她要結婚的消息感覺像一場勝利，代表可能戰勝了不可能，前進戰勝了走下坡。人格、熱情與信任戰勝了年齡與中年人生失常狀態，戰勝了人生的各種逆境與挫敗。

瑪莉蓮要結婚的事實就像是在證明，偶爾，就像在電影裡一樣，一個人還是能夠得到他的完美結局。而在我們認識的所有女人中，瑪莉蓮似乎最值得得到她的完美結局。

但是生命並非如此。

第十章
接著，互相扶持下去

之前的某一年，在那場人生失常狀態的冬末，我們全都在擔憂自己的未來，瑪莉蓮更進一步，割了自己的手腕。儘管她垂直劃開手腕，而非水平劃開——她後來解釋說她在網路上查到了兩者的不同——瑪莉蓮沒有死。但她流了兩個小時的血，然後坐進車裡，自己開到一公里外的診所。她立刻被轉到南漢普頓醫院，在那裡快速打了幾通電話，然後又被轉到米德島州立醫院。

她每幾天就會打電話給我，告訴我住院的情況。住院令人沮喪。她說，無論發生什麼事，她再也不要回到醫院。

十天之後，醫生終於讓她出院。瑪莉蓮的哥哥從澳洲飛過來，把瑪莉蓮接回到雪梨，她在雪梨終於得到了正確的診斷：她有躁鬱症。

想想也有道裡，因為她父親也有躁鬱症。儘管如此，瑪莉蓮一開始很抗拒這個診斷。她說醫生告訴她的時候，她哭了，她無法接受。她不想當個躁鬱症患者，她覺得很羞愧。

但是醫生解釋說，躁鬱症其實就只是一種疾病，就跟糖尿病一樣。很多人都有糖尿病，但是都可以吃藥控制病情。

瑪莉蓮發誓改變自己的生活。她不再喝酒，而且每天運動。她看著自己逐漸瘦下來，而且好幾年來從沒氣色這麼好過。她還把房子整修一番，她的房子現在嶄新完好，是棟漂亮的白房子，坐落在一座小山丘上，有著紫羅蘭色的前門。紫羅蘭是她最喜愛的花朵，而且她外婆跟她之前養的狗都名叫紫羅蘭。

她的花園裡開滿了鮮花。瑪莉蓮花了三年的時間整理這花園，其中還花了一年的時間鋪覆有機覆蓋物。一開始，我還每星期天早上十點跟她一起去上園藝課，就像個規律上教堂的人。坐立不安地上完一堂六十分鐘如何正確澆水的課後，我就放棄了。但是瑪莉蓮堅持不懈，而現在她的付出得到了成果。她跟她的房子真的都徹底改觀。

後來，我們又可以聊天了，尤其是聊那場處於中年人生失常狀態的夏季，當時我們大吵一架，她不知道原來自己正躁鬱症發作。

她現在確定要結婚嗎？我問。她並不需要結婚，為什麼要結婚？

「因為我終於找到他了。」她說，「我的真愛。」

瑪莉蓮跟她的新男友去了義大利，回來時手指上戴著一只鑲著兩顆鑽石的金戒指，儘管她堅持他們實際上還沒正式訂婚。然後三個月過去了。這三個月當中，瑪莉蓮非常快樂。每個人都說她比以前都更快活更健康，她工作，而且體能非常非常好。我們倆帶著新男友一起去參加的派對跟晚餐上，她會深情地凝視她的新男友。

然後，就跟人交了男女朋友後常發生的狀況一樣，瑪莉蓮跟我沒那麼常見面了。我們幾個朋友都是。瑪莉蓮很忙，她計畫把房子在夏季的週末出租給遊客，因此所有的時間都在整理家裡的東西。

美國陣亡將士紀念日過後兩週，凱蒂、賽希跟我才發現我們好幾天都沒跟瑪莉蓮說到話了。我覺得我可能知道為什麼：瑪莉蓮生病了。因為前一天，她臨時說不來參加一群朋友的午餐聚會，因為身體有些不舒服。

我們立刻打電話給她，但是沒人接。幾分鐘後，她傳來一則訊息，表示她的健康保險退保了，我們知不知道哪家保險公司可以推薦？

保險公司來來去去對瑪莉蓮來說不是新鮮事。身為自己創業的單身女子，財務狀況時好時壞，再加上各種健康上的小問題，幾年來瑪莉蓮偶爾得面對這種戰役。賽希傳訊息給她，為她推薦了幾家。

一天過去了。瑪莉蓮傳訊息給賽希，說她的新男友會幫她想辦法解決保險的問題，根本不需要擔心。我們是很擔心。但是不像過去她有困難時那麼擔憂，因為此刻她不是獨自一人在家裡，她現在住在新男友家。

我之所以會知道這一點，是因為她的車停在他家。我每天去海灘的路上都會經過他家，也就是瑪莉蓮計劃結婚的那海灘。

接下來的週六，又看到她的車子時，我有考慮要不要去看她一下。但是我不想打擾她。她待在男友家時，這樣不事先問一下就登門拜訪太不禮貌了。

直到週日的下午，經過她男友家時，我注意到瑪莉蓮的車子不在那。我猜瑪莉蓮回到自己家了。我打電話給她，但是電話直接轉到語音信箱。

晚上上床睡覺時，我又試一次，她的語音信箱已經滿了。這就奇怪了，瑪莉蓮總是會檢查她的留言。我決定隔天早上去她家找她。

我一直沒到達她家。我被一連串奇異的事件所阻擋，到今天我仍無法找到合理的解釋。那天我很晚才醒來，因為天氣很好，我決定騎腳踏車先去鎮上辦幾件事，最後去瑪莉蓮家。我填好幾張要付帳單的支票，在信封上貼好郵票，然後連同錢包跟手機塞進腳踏車上有拉鍊的袋子裡。第一站是銀行。我把錢包從袋子裡掏出來，走進銀行，把提款卡插進提款機。

馬上就遇到問題了。

「交易被拒。」

我有個不祥的預感。

「怎麼搞的？」我怒氣沖沖地走去找銀行行員。「我的提款卡有問題。」

對方嘆了一口氣。「可能是機器的問題。」

結果不是。我們試了每一台提款機，銀行的人又試了他們的電腦，還是找不出是哪裡出錯，於是他們用手動的方式幫我完成交易。

我離開銀行，心中仍舊感到不安。走出門的路上，一位年輕男子叫住我。「嗨，坎蒂絲，妳好嗎？」

「還好？」我緊張地說。這人是誰？他怎麼會認識我？

「我看到妳的腳踏車停在外面。」

啊，對，是腳踏車店那男的。「今天是個騎車的好天氣。」他說。

「沒錯。」我答。

我的心情好起來。我告訴自己，剛剛銀行的事只不過是個小插曲，今天這天一定會很美好。接下來去郵局，然後去找瑪莉蓮。

但是走近腳踏車時，我發現到有什麼不對勁，袋子的拉鍊拉開了。

我離開時沒忘了拉上拉鍊吧，是嗎？如果我真忘了，那算是很不尋常。但是也許我之前心不在焉。我打開袋子，倒吸一口氣。袋子裡是空的——其實是付帳單的支票不見了，手機仍在裡面。

有人偷了我的東西嗎？如果是的話，為什麼沒偷走手機呢？

我走向一位年輕的交通警察，紅潤的臉龐，幾乎還沒成年，正站在人行穿越道上。

「不好意思，」我說，「請問你有沒有看到哪個人流連在那邊那輛橘色的腳踏車邊？」

他往那瞥一眼。「沒有。」

「你確定？」

「確定。」

「因為我的東西被偷了。」

他警覺起來。他慢條斯理地走過去，抓起肩膀上的對講機，拉到嘴邊，像是準備好隨時報案。「什麼東西被偷了？」他問。

「幾封信。」

「信？」

「帳單。」

他把對講機放開。「為什麼有人會想偷帳單？」

我掙扎著解釋。「其實不是帳單，是支票。用來付帳單的支票。上面已經貼好郵票了。」

「為什麼有人會偷這東西？」

我可以想像我在他眼中的形象：一個糊裡糊塗的中年女子，一頭凌亂乾枯的頭髮，身上一件螢光綠的反光背心，騎著一輛橘色的腳踏車，堅稱有人偷了她的支票。

饒了我吧。

「我可能把它們忘在家裡了。」我一邊小聲說，一邊緩緩退開。

我坐上腳踏車。氣喘吁吁地衝回家，一路上一遍又一遍地想著這一連串奇怪的事件。感覺起來像是被一股混亂不穩的能量力場所連結，然後我突然領悟到我以前也有過這感覺——就在我的狗圖克死掉的那天。

我回到家門前，把腳踏車甩到地上，檢查手機。瑪莉蓮在邁阿密的朋友史黛西打電話來過。

有一秒鐘，我想，為什麼史黛西會打電話給我？

然後我知道了。

週日夜間或週一清晨時，瑪莉蓮自殺了。

她沒留下任何字句，但是留下了一份遺囑。

她想被火化。

就這樣。沒有葬禮，什麼都沒有。只有一盒骨灰。

起初，瑪莉蓮一些在外地的親友紛紛趕來，舉辦了一場酸楚而當然難堪的追悼會，但是後來他們就離開了，又只剩下賽希、凱蒂、我，有時候還有昆妮。我們無處不感覺到瑪莉蓮的離去，尤其是在日常生活中。如同凱蒂說的，她根本無法相信瑪莉蓮不會再隨時走進門，手提電腦夾在腋下，裝著錢包與文件的大皮包掛在肩上。

我們覺得自己被裹在悲痛之中，覺得被一片永恆低沉的黑雲所籠罩。我們無法前進，我們無法呼吸，我們筋疲力竭。我們會去彼此的家中，坐在餐桌邊，瞪著空氣。

我們問為什麼。

她正在熱戀之中，而且快要結婚了。她跟她的新男友本來會一起過著幸福快樂的日子。她之前做得多好，感覺也很好。也許她感覺太好了，所以沒再吃藥了？這是我們唯一能夠想到的解釋。

那個月有大量的死亡與自殺案件。大多是都是五十多歲的女性，跟瑪莉蓮一樣似乎什麼都有了的女人。但是就跟其他人一樣，她們其實並非什麼都有了。潛伏在背後的，有財務問題或感情問題或健康問題。但是最主要地，是你會感覺到恐懼。對未知的未來所感覺到純然的恐懼。

恐懼你終究還是失敗了，恐懼再也沒有人會愛你，恐懼你其實完全孤單一人，恐懼根本沒人關心你，一切只會每況愈下。恐懼在面對真相時，根本沒有想像中的美好未來讓你躲在後面。

這些恐懼襲入我們的骨中，如同那年漫長的冬季又濕又冷的空氣。於是我們擔憂起來，擔憂自己，擔憂彼此。如果你跟瑪莉蓮一樣，是個單身沒有小孩的女性，整個世界都不確定妳將來到底會如何，於是妳自己也不確定起來。身為單身沒有小孩的女性，妳真的沒有固定的劇本。

時間過去了，儘管我們不再每天都談到瑪莉蓮，我還是忍不住總想著她。每次我去海邊，都會經過她男友家，然後我會想起那最後一個週末，納悶當時她是如何度過那個週末。有時候我的路徑會使我經過瑪莉蓮的家，每次那景象都還是會使我震驚不已。她的小白車仍停在車道上，就停在原地，我很難不想像瑪莉蓮就在屋裡，坐在大茶几對面的沙發上，一邊在電腦上工作，一邊接電話。

有時候我會假裝瑪莉蓮還在。我會跟自己說，瑪莉蓮只是出門幾個月，很快就會回來，然後我會想想所有想告訴她的事。像是，我跟我的新男友仍在一起；還有媞爾達．提亞已經放棄交友約會，把心思全放在事業上，但是仍抱著某天會遇到白馬王子的希望；賽希在小村裡我們最喜愛的一條街上買了新房子，景觀超讚，而且就在凱蒂家前的海灣對面；還有，我們常常說起要開個立槳衝浪派對，但是我們都知道這派對永遠都辦不成，因為賽希不喜歡穿連身泳衣，而凱蒂堅決不運動。

然後終於有一天，我經過瑪莉蓮家時，她的車子不在那。

我悲傷地想，一切結束了。

但是我想錯了。

賽希跟我得到瑪莉蓮部分的骨灰。

瑪莉蓮的哥哥把骨灰交給瑪莉蓮的男友了，然後她男友把一些骨灰又分給我們，裝在透明的塑膠盒子裡。那個塑膠盒是處事井井有條的瑪莉蓮走之前沒多久給她男友的，當時她準備把房子出租給遊客，所以正在整理家裡的東西。「這幾個給你，」她當時對他說，「有一天你可能會用到。」

現在這幾個裝著骨灰的盒子擺在賽希家前廳裡一個鍍銀的大甕中。骨灰是深灰色的，參雜著白色的顆粒，可能是骨頭吧。賽希每天都會經過這骨灰。

每星期至少一次，她會打電話給我，說：「我們得把骨灰處理掉了。」

於是，九月底一個賽希稱為海軍藍的日子，那種瑪莉蓮本來希望能夠結婚的天氣，我們沒撒玫瑰花瓣，而是準備撒她的骨灰。或者至少以為我們會去撒她的骨灰。

媞爾達．提亞來了，待在我家。她問：「妳還好嗎？」我答：「還好。」儘管過去六個月來，先是我爸爸走了，然後是瑪莉蓮走了。

當然，我並不是唯一一個失去親友的人。兩個月前，媞爾達．提亞一個兒時朋友死於癌症，臨死前她在場，一直握著朋友的手。

我們互相擁抱。

而這就是你從中年人生失常狀態學到的其中一件事。接受失去，繼續前進。

我們走路去賽希的新家，凱蒂、昆妮也到那跟我們會合。凱蒂剛得知自己要當外婆了，而昆妮的女兒離家上大學了。

我們講起如果瑪莉蓮仍跟我們在一起，會有多好，她會有多開心一起見到所有的朋友。還有部分多虧了她，我們現在全都住在小村裡。

然後我們走到海灣碼頭的盡頭，幾年前，瑪莉蓮就是在此處首次抵達小村。賽希跟我各抱著一盒骨灰。我們本來的想法是打開盒子，然後每個人都抓起一把撒出去，等骨灰全撒完了，我們就點燃仙女棒。

我們立刻就遇到障礙。盒子蓋子的邊緣塞滿了骨灰，黏住了，怎麼小心拉，還是打不開。有一刻我們就站在那，不知道該怎麼辦。後來我們一致認同，這就是瑪莉蓮的個性。如同賽希說的，瑪莉蓮一直都有她固執的一面。大家叫她怎麼做，她通常就會故意唱反調。老實說，這個特質我們全都有，至少在我們這群人裡面。

「這表示她不想走。」昆妮說。

於是我們把瑪莉蓮的骨灰又帶回屋裡。

我鬆了一口氣。對於撒骨灰這件事，我一直不太能夠接受。

之前那一週，我在海灘上遇到瑪莉蓮的男友。他剛收到毒理學的檢查報告，上面說瑪莉蓮一直都有按時吃藥。所以，她其實每件事都做對了，但是最後仍舊不夠。我們永遠也無法理解她自殺的原因。

不過這不是唯一的謎團。她走的那天，我的支票也消失了。有人把它們寄出了，但那人不是我，因為瑪莉蓮走後幾天，帳單的債權人生氣地打電話來，要我取消幾張支票的付款。

我禁不住納悶，瑪莉蓮——或者瑪莉蓮的靈魂——是否牽涉在內。

我們又一次一起坐在餐桌邊時，我領悟到我們的確知道一點。

此刻，我們更需要相知相惜，互相扶持。我們會的。

尾聲——終究還是過著幸福快樂的日子？

躲不過的還是發生了。時光流逝，我跟我的新男友在一起轉眼間已經過了快一年半。我們成了固定的一對。

我們其實還沒住在一起，但是我們都熟悉彼此的習慣，而且會做些男女朋友才做的事，像是跟其他成對的朋友出去，一起出遊，創造出類似一家人的景象，而我的兩隻狗派柏跟普魯斯就像是我們的孩子。我們已發展出一種兩人都可接受的習慣，一種在同一空間待在彼此身邊的方式。男女關係不就是兩個人在時空當中繞著彼此旋轉嗎？

而就跟星球一樣，你很難抗拒對方的吸引。一旦成了固定的男女朋友，就猶如陷入了那種俄羅斯娃娃或是但丁的地獄，或者就只是超級瑪莉——達到了一個階段後，你就得努力進入下一個階段。換句話說，跟男友一起將近一年半後，我第一次發現自己自問，如果新男友跟我結婚，成為我的新老公，會怎麼樣？

我不知道自己為什麼會問這個問題。也不是我無法想像自己在隱約的未來跟新男友一起變老，但是在此刻，在現實生活中，這只會使我們的生活更複雜。

然而，中年晚婚的故事仍無所不在。每當人們問起我在寫什麼，聽了我的回答後他們總會說有一個精彩的故事可以送給我，並保證這故事會跟我聽過的任何一個故事都不同。

「講來聽聽吧。」我說。

然後他們會跟我敘述一個曲折複雜的故事，說兩個人突然發現彼此都單身，最後終於在這麼多年後（通常是「又」）重新發現對方、愛上彼此、終成眷屬，然後婚禮上兩人的朋友有一百多位。這故事其實沒有任何新穎之處，除了人物的年紀。他們可能七十歲以上，有時候是八十三歲，有時候是九十四歲。總之，這些婚禮顯然真的很美，因為除了跟世界展示真愛最後終究會開花結果，還有什麼比這更美的呢？而且每個人都會哭。

媞爾達・提亞也感染上對婚禮的嚮往。她打電話給我說，「妳不會相信發生了什麼事。」其實我已經從凱蒂跟昆妮那得知發生了什麼事。一個月前，媞爾達・提亞交了一個新男友，而且是個真正的「我的新男友」。他在上西區有間兩房公寓，在金融界有份固定的工作，而且因為他真的是個好男人，所以還幫忙媞爾達・提亞搬進她的新公寓。

「我認識了一個男人。」

「我聽說了。」我說。

「不是，我的意思是，我認識了一個**男人**。如果明年這時候我手上戴著戒指，我大概也不會吃驚。」

「真的？」

「真的。而且我說戒指，就是結婚戒指的意思。訂婚戒指大概六個月後會拿到。」

「所以妳一年內就會結婚？」

「對啊，為什麼不呢？」她說。

「妳會辦婚禮嗎？」

「我當然會辦婚禮。」她說，「妳怎麼搞的？」

「還有伴娘？」

「沒錯，還有伴娘，而且全要穿相配的禮服。」她說。

我嘗試想像這種中年階段的盛大婚禮，會有舞池跟八〇年代的音樂，有超級中年男女躺在地上旋轉，展現一段早已被人遺忘的霹靂舞；聽到電影《七個畢業生》的主題曲時會熱淚盈眶，然後大家隨著音樂起舞時，伸出手指互指。沒錯，這景象是很尷尬。但是如果你不在意，就會很好玩。

「喂？」媞爾達．提亞說，「妳還在嗎？」

「妳會放麥可傑克森的音樂嗎？」我問，「還有《七個畢業生》的主題曲？」

「《七個畢業生》的主題曲？妳怎麼搞的？」媞爾達．提亞問，「對了，凱蒂跟我想問妳生日要怎麼過。」

我的生日。我哀號一聲。

「是六十歲的生日，不是嗎？」

「嗯……」

「妳會跟大家說妳幾歲嗎？如果我是妳，我就不會講。妳可以一直說自己五十九歲。我就認識四個女人快七十歲了還一直說自己五十九歲。而且誰在乎呢？過了某個年齡之後，也沒有人那麼注意了。」

我不得不同意，這一點沒錯。

五十過後的生日有個特點，就是人們往往會忘了。一旦過了五十大關，生日就沒那麼重要了。一部分是因為你在某個階段領悟到，五十八跟五十二之間的差別也沒那麼大；一部分是因為五十之後，你不知為何就很容易忘了自己的年齡，不記得自己到底是五十二、五十五還是五十八。凱蒂幾個月前就發生這種狀況，原來她五十五了，但是對凱蒂來說這數字實在太「沒意思」了，結果她還真的忘了自己的生日。我也記得過去十年中，有幾次的生日我只對自己敬了一杯香檳酒，就心滿意足了。

但是接著我認識了我的新男友。我的新男友有很多特點，最大的特點就是很有組織跟計畫。於是，六十大關前三個月，我的新男友開始問我各種問題。我想怎麼慶祝？我想飛去倫敦，去哪間夜店吃晚餐嗎？或是想週末去哪個溫暖的地方？這些點子聽起來全都很不錯，但是也需要額外的準備工作，例如打包行李、去機場、排隊過安全檢查，然後可能在海關還要排隊，而我發現自己往往願意為別人做這些事，但是就是不願為我自己做這些事。在生日當天更不想。

再說，我痛恨「整十」的生日，就如同我痛恨新年前夕。這些日子理當比其他任何派對都要更好玩，但是在實際上，最愉快的時光通常並不會發生在事先計畫好的派對上，總是自然而然出現的。所以囉，回想起我每個「整十」的生日，除了三十歲生日外，四十歲生日跟五十歲生日都不怎麼愉快。

四十歲生日前一星期，我被一個交往六個月的男人甩了，他的理由是：「我要跟妳分手，因為妳要四十歲了，然後妳對這個四十歲生日太神經質了，我受不了。」儘管我覺得自己當時的態度很成熟。然而，生日那天早上我媽打電話來時，我還是哭起來了，「我四十歲了，卻還沒結婚，大概永遠也結不了了。」

「不要想那麼多。」我媽說，「年齡沒有那麼重要。」

她說的沒錯，因為四十歲到五十歲之間，發生了很多很棒的事。我的確結婚了，我努力工作，我有一個家。基於某種理由，我以為這一切會一直持續下去。

但是一切只是吃力地撐下去，因為快要五十前，我只記得自己好累、好疲倦。我那時常夢到自己在一間辦公大樓裡，準備去開會，結果在電梯前昏倒，躺在地上起不來。

現在，又過了十年。就如同過去，又是一個充滿變化的十年，搬家、離婚，跟死亡。重新發現老朋友，找到擁有男女關係的新方式。五十幾歲的人得像個小引擎，能夠一遍又一遍地自己重新啟動，直到奏效了、發動了，然後你又回到軌道上。

誰會希望進入六十感覺起來有點像是從惡夢中醒來？也許還是到了舉辦派對的時候了，一個小小的派對也好。而且我不會謊稱自己的年齡。

永遠的五十九歲？我可不這麼想。

於是當凱蒂、昆妮、賽希、媞爾達．提亞、我的新男友跟我一起坐在歐瑪餐廳時，我們舉杯致所有過往的事，致所有我們對於未來的寄望。環顧一周，我很確定一點，六十已來臨，生命會精彩無比。

致謝

謝謝你們：摩根・恩淳金、伊莉莎白・史密茲、茱蒂・霍廷森、凱蒂・瑞辛、德布・希格、朱絲緹娜・貝曲勒、格蕾婷・摩金塔勒、茱莉亞・伯納托賓，以及格瑞福亞特蘭大出版社非凡團隊的其他成員。此外也謝謝妮可・道伊，以及總是不可或缺的希瑟・史洛德。

高寶書版集團
gobooks.com.tw

TN 271
城市裡還有慾望嗎？
Is There Still Sex in the City?
作　　者　蘿坎蒂絲・布希奈兒（Candace Bushnell）
譯　　者　羅慕謙
主　　編　楊雅筑
封面設計　黃馨儀
內頁排版　賴姵均
企　　劃　何嘉雯

發 行 人　朱凱蕾
出　　版　英屬維京群島商高寶國際有限公司台灣分公司
　　　　　Global Group Holdings, Ltd.
地　　址　台北市內湖區洲子街88號3樓
網　　址　gobooks.com.tw
電　　話　(02) 27992788
電　　郵　readers@gobooks.com.tw（讀者服務部）
　　　　　pr@gobooks.com.tw（公關諮詢部）
傳　　真　出版部　(02) 27990909　行銷部 (02) 27993088
郵政劃撥　19394552
戶　　名　英屬維京群島商高寶國際有限公司台灣分公司
發　　行　英屬維京群島商高寶國際有限公司台灣分公司
初　　版　2020 年 8 月

國家圖書館出版品預行編目(CIP)資料

城市裡還有慾望嗎? / 坎蒂絲・布希奈兒(Candace Bushnell)著；羅慕謙譯. -- 初版. -- 臺北市：高寶國際, 2020.08
面；　公分. -- (文學新象；TN 271)
譯自：Is there still sex in the city?

ISBN 978-986-361-901-7(平裝)

1.兩性關係　2.社交　3.社會生活

544.7　　109011528